首都文化研究丛书　　　沈湘平　杨志 主编

源远厚重的
古都文化

常书红　杨　志　著

中国社会科学出版社

图书在版编目(CIP)数据

源远厚重的古都文化 / 常书红，杨志著. —北京：中国社会科学出版社，2019.3
ISBN 978-7-5203-4228-5

Ⅰ.①源⋯　Ⅱ.①常⋯②杨⋯　Ⅲ.①文化史—研究—北京　Ⅳ.①K291

中国版本图书馆 CIP 数据核字(2019)第 057636 号

出 版 人	赵剑英
责任编辑	冯春凤
责任校对	张爱华
责任印制	张雪娇
出　　版	中国社会科学出版社
社　　址	北京鼓楼西大街甲 158 号
邮　　编	100720
网　　址	http://www.csspw.cn
发 行 部	010-84083685
门 市 部	010-84029450
经　　销	新华书店及其他书店
印刷装订	北京君升印刷有限公司
版　　次	2019 年 3 月第 1 版
印　　次	2019 年 3 月第 1 次印刷
开　　本	880×1230　1/32
印　　张	7.5
插　　页	2
字　　数	181 千字
定　　价	59.00 元

凡购买中国社会科学出版社图书，如有质量问题请与本社营销中心联系调换
电话：010-84083683
版权所有　侵权必究

丛书编委会

顾　问　许嘉璐　龙新民　阎崇年
　　　　崔新建　张　淼　陈　丽
　　　　李建平

主　编　沈湘平　杨　志

副主编　常书红　程美东　裴　植
　　　　王　旭　戴俊骋　程光泉
　　　　石　峰　赵亚楠　唐　萌

总 序 一

崔新建

北京师范大学北京文化发展研究院执行院长沈湘平教授主编出版四卷本"首都文化研究丛书",嘱我写几句话,以为序。写序乃画龙点睛之笔,至少是锦上添花之事,通常是大家名宿所为。我深知,自己既无锦上添花的本领,更没有画龙点睛的手笔,不具备作序的资格。机缘巧合,我同北京文化发展研究院、沈湘平教授、这套丛书的由来都有点关系,就借机把我所了解的情况作个交代,且算作补白,以答偿沈主编的谬托。

2002年,北京师范大学迎来百年校庆。建立北京文化发展研究院,是校庆期间确定的教育部与北京市共建北京师范大学的一个重点项目。2003年,北京师范大学北京文化发展研究院正式成立。当时还在北师大哲学系工作的我,荣幸地获聘兼任该院的北京文化发展战略研究所所长,成为研究院的首批兼职研究人员。2004年,研究院被北京市哲学社会科学规划办公室、北京市教委批准为首批北京市哲学社会科学重点研究基地。其间，我总有机会参加研究院举办的各种学术研究和交流活动。2006年，我离开北师大，先后在北京市委宣传部、北京市社会科学界联合会等单位工作，虽然参加北京文化发展研究院的活动少了，但每年总能在第一时间收到该院主持编写的《北京文化发展报告》。2016年到北京市哲学社会科学规划办公室工作后，同研究院的工作联系更多了。近两年，研究院连续举办了"城市文化发展高峰论坛""中小学传统文化教育论坛"和名家圆桌·"思想与学术40年""坐标2018"等系列学术研讨活动，编辑出版《京师文化评论》，在学界产生了很大反响。研究院发展的15年，恰好是文化建设在北京日益受到重视、更加自觉以文化创新驱动城市发展的15年。如今，研究院又推出"首都文化研究丛书"，必将在北京推进全国文化中心建设的过程中发挥应有的作用。

我与沈湘平教授的相识、相交，始于1991年，如今已超过27年。我们曾经在学院的同一个学科同事多年，并曾在学院的党委班子中做过搭档，属于相互非常了解的好朋友。他才思敏捷、才华横溢，是典型的湖南才俊。多年过去了，他的思想敏锐度不减，学术底蕴却日渐深厚。不过，我觉得他最大的特点是，勤奋努力，做事认真富有成效，属于愿意做事且能做成事的那种人。他担任北京文化发展研究院执行院长以来，研究院的学术活动空前活跃，成果显著，影响力大增，就是证明。就拿主编这套丛书来说，有的人可能还在坐而论道没有起而行之，有的还在因为诸多困难和顾虑犹犹豫豫，一年左右的时间他已经把成果摆在大家的面前了。丛书的其他作者，大多数我也比较熟悉，有的也是我曾经的同事。正是他们这种说干就干的做事方式，才会有如今丰厚的收获。

说到这套丛书的由来，我也算是个知情者。2014年，习近平总书记视察北京时，明确提出了北京作为全国政治中心、文化中心、国际交往中心和科技创新中心的城市战略定位。2017年，北京市成立由市委市政府主要领导任组长的推进全国文化中心建设领导小组。市委书记蔡奇同志提出：首都文化是个富矿，是北京这座城市的魂。首都文化至少应包括源远流长的古都文化、丰富厚重的红色文化、特色鲜明的京味文化和蓬勃兴起的创新文化。首都文化内涵的挖掘，成为服务文化中心建设的一个重大研究课题。在市社科规划办工作的我，在接到组织首都社科专家开展首都文化内涵研究的任务后，我感到，北京文化发展研究院是适合承担这一研究任务的团队之一。当把这个意思跟沈湘平教授沟通后，他非常爽快地接受了这一任务。之后，他们很快就行动起来，并形成了一些阶段性成果在《北京日报》理论周刊发表。现在，又在较短的时间内把更深入系统的研究成果呈现了出来。

我从攻读硕士研究生时候起，就对文化研究有很大兴趣。文化哲学的教学与研究，始终是我的研究方向之一。

我感到，开展首都文化内涵的挖掘，有一些基本的问题需要逐步厘清。比如，是提首都文化好还是提北京文化好？单从概念说，似乎二者不能画等号。从世界范围看，每个国家都有自己的首都；从历史上看，中国至少有七大古都。就此而言，作为首都的城市，在文化上会有一些共性的东西，这都可以称作首都文化或都城文化。另外，北京在历史上也并非一直是首都，北京文化也并不仅仅是首都文化。但就当代中国而言，首都就是北京，北京就是首都。在这个意义上，首都文化就是北京文化，二者没有区别。再比如，文化内涵主要靠挖掘还是靠提炼？一般地说，文化资源无法穷尽，需要不断挖掘；而这些文化资源所蕴含的观念、规范、思维方式等即文化的内涵，则主要依靠从中提炼概括。还比如，古都文化、红色文化、京味文化、创新文化，是构成首都文化的四个方面，还是形成首都文化的四个元素？这四者之间的关系又是如何？北京的古都文化、红色文化、创新文化以及京味文化又有什么特点或特色？这些问题都需要通过深入的研究来具体回答。相信广大读者可以从这套丛书中找到部分答案，或提供解决问题的某种思路。我也相信，丛书的出版将成为深化首都文化研究的新起点。

是为序。

（崔新建，北京市人大副秘书长、政策研究室主任，北京市社科规划办主任）

总 序 二

文化是一个国家、一个民族、一个城市的灵魂。文化兴则国运兴，文化强则民族强，文化繁荣发展则城市繁荣发展。坚持和强化北京作为全国文化中心的核心功能，是中央着眼世界和全国作出的重要战略定位。2014年2月和2017年2月，习近平同志两次视察北京，都特别强调了这一点。2016年北京市又专门制定了《十三五时期加强全国文化中心建设规划》，这是北京市首次就加强全国文化中心建设做出一个重点的专项规划，从官方的顶层设计上明确了文化中心建设的指导思想、总体目标、基本原则、发展格局、主要任务和保障措施。2017年8月，北京市成立推进全国文化中心建设领导小组，强调建设全国文化中心，要集中做好首都文化这篇大文章，重点抓好"一核一城三带两区"，即以培育和弘扬社会主义核心价值观为引领，以历史文化名城保护为根基，以大运河文化带、长城文化带、西山永定河文化带为抓手，推动公共文化服务体系示范区和文化创意产业引领区建设，把北京建设成为弘扬中华文明与引领时代潮流的文化名城、中国特色社会主义先进文化之都。放眼整个中国乃至当今的世界，巴黎、纽约、伦敦、香港、上海、深圳等各大城市文化发展可谓是各领风骚，相互激荡。回看北京自身，新时代首都文化建设这篇大文章刚刚起笔，京津冀协同发展正在大力推进，文化认同问题更加凸显，雄安新区的崛起更是给国家文化中心建设带来新的思想契机，在这样的背景下，如何更好地发挥北京文化发展凝聚荟萃、辐射带动、引领创新、展示交流和服务保障的功能，推动北京朝着成为世界文化名城、世界文脉标志的目标迈进，成为北京文化研究的焦点问题。

首都文化是以悠久的北京地域文化为基础，会通涵融各地域、各民族文化，吸收借鉴外来文化，所形成的各种精神观念及外在呈现形态的集合。首都文化具有鲜明的历史性、地域性、融合性、首善性、创新性和先进性，既是中华文化的重要组成部分，也是中华文化的集大成者。首都文化主要包括源远厚重的古都文化、先锋引领的红色文化、融汇亲和的京味文化和蓬勃开放的创新文化四个方面。其中，古都文化是首都文化的根脉和底色，红色文化是首都文化的核心和灵魂，京味文化是首都文化的活态与表征，创新文化是首都文化的动力与动能。四个方面相辅相成、有机统一，共同塑造着北京的首都风范、古都风韵和时代风貌，构成了首都独特的精神标识。

一　源远厚重的古都文化

古都文化泛指历史上作为都城的城市所创造出的代表一个时代或一个国家的最高水平的文化。北京古都文化主要指北京在辽、金、元、明、清时期作为全国的中心区域及对外交往与交流中枢所创造的，代表中华文化特质和当时文化发展最高水平，并积淀传承至今的文化结构、文化要素和精神气质。

一是至正庄严。作为五朝帝都，北京文化具有强烈的国家、民族的正统意识。在建筑格局上，北京依据"天人合一，法天而治，象天设都"的传统都城规划理念，遵循辨正方位、讲求对称、突出中心的原则，以宫城为中心，以贯穿南北的中轴线为基准，把庞大复杂的城市要素组织成一个整体，"威天下，朝四夷"，方正不偏，庄重威严。北京2008年申奥成功后，中轴线再次向北延长4公里，直达奥林匹克公园绿色丛林中的仰山，体现天人合一的和谐境界。中华人民共和国成立之后形成的以"神州第一街"长安街为中心的东西轴线与南北中轴线相互映衬，形成了北京特有的城市结构中枢系统，也铸就了首都文化中正庄严的物质形态。

二是雍容博大。作为帝都文化的集中体现，北京古都文化具有从容大气、雍容华贵的气质，她是城市文化、都城文化中的"贵族"。其无与伦比的恢宏壮丽、金碧辉煌的皇家建筑，是这种气质、气派最直观的体现。在悠久的历史中，古都北京以高远博大的胸怀承载、吸引、融汇、萃取、发展各方文化，形成兼容并蓄、多元一体、包罗万象的自身文化。无论在文化的规模、结构、种类、高度、精度上，其他城市都不可比拟。

三是崇文厚德。作为古代全国政治中心，建都、定都北京的历代帝王都尊崇儒家思想，强调以文教化。中央政府在这里设置国子监等大量文化机构，组织殿试等系列文化活动，京师与全国各地以及其他国家、地区之间都有着多样的文化联系与交流，北京成为人才渊薮和文化津梁，形成崇尚人文的传统和"郁郁乎文哉"的气象。3000年来北京独特的历史积淀和自觉追求，也孕育了北京古都文化厚德的重要品格。这座古都里的人们"敦厚以崇礼"，做人德为上，做事德为先。德泽育人、容载万物，最终凝结为北京古都文化的重要基因，首善之区也就成为千百年来人们对首都北京独一无二的历史定位与期许。

四是协和宁远。北京位于东北平原、蒙古高原、华北平原三个不同自然地理单元的交汇部，处在农耕文明和游牧文明的交汇处和东北、西北、西南几条古代大道的交汇点。北京的统治者一方面承续华夏民族的王朝正统，另一方面秉持"克明俊德，以亲九族。九族既睦，平章百姓，百姓昭明，协和万邦，黎民于变时雍"（《尚书·尧典》)的古训,形成一种包容、和睦的文化形态。北京作为五朝帝都,有四个朝代是少数民族建立的王朝,但无论是汉族作为统治者还是少数民族作为统治者,都很注意处理民族关系。汉文化与少数民族文化的交融,中西文化的交汇,传统文化与现代文化的会通,为北京协和天下、长治久安的文化特色注入了更为丰富的内涵。

古都文化是红色文化诞生、发展的重要基础和土壤,为后来北京率先接受和传播马克思主义,开辟红色文化奠定了思想方法的基础。正是在古都文化的熏染下,京城独特的"一方水土"孕育了鲜活的京味文化。古都文化的智慧、气度、资源也为北京了解世界风云变换和世界发展趋势,引领创新潮流孕育了先机。

二　先锋引领的红色文化

北京有着光荣的革命传统、红色的文化基因,是一座英雄之城、革命之城、红色之城。首都的红色文化凝练、彰显了中国人民的革命精神和品格,并在当代实践中形成了爱国、创新、包容、厚德的北京精神。在首都北京,红色遗存遍布于山川之中,革命事迹传颂于大地之上。红色文化蕴含着丰富的革命精神和厚重的历史文化内涵。

一是忠诚正义。北京红色文化的首要特点是敏锐坚定的政治意识,始终不渝地对党忠诚。近代以来长期的斗争实践,使得北京的仁人志士们逐渐认识到,没有一个坚强政党领导，中国革命无法取得成功。李大钊、陈独秀在五四新文化运动时期最早介绍马克思主义，为中国共产党的建立进行了思想上、理论上的准备。1920年10月李大钊领导成立北京共产党小组，是国内最早的共产主义小组之一。在革命、建设和改革实践中，北京都始终坚定地拥护党的领导，维护党中央权威，具有极强的政治意识、大局意识、核心意识和看齐意识，始终在思想上、行动上与党中央保持高度一致。同时，北京人民矢志追求和坚持民族大义、人间正义，威武不屈，富贵不淫。在日常生活中，面对不平，北京人也往往选择挺身而出，见义勇为。

二是爱国为民。爱国是北京红色文化最鲜明的特质，也是北京精神的核心和灵魂。北京象征着中国，自觉地与中华民族同呼吸同命运，北京人具有最强烈的"天下兴亡，匹夫有责"的观念，对祖国怀有最浓烈、最深厚的热爱之情。近代以来几乎所有的爱国运动都从这里发起，然后席卷全国。中华人民共和国成立之后，北京由皇家主宰、官僚把持的城市真正变成了人民的城市，人民成为这座城市的真正主人。城市建设的核心理念从君权主体论转向了人民主体论。长期以来，北京始终坚持人民至上，切实尊重人民主体地位和首创精神。

三是担当牺牲。经过28年的浴血奋战，北京成为中华人民共和国的首都；又经过近70年的建设，北京已经由1949年的200万人的民生凋敝的城市发展为3000万人的生机勃勃的国际大都市。在此过程中，北京人民形成了不懈奋斗、不怕牺牲的意志品质和顾大局、敢担当、守纪律、重奉献的精神风貌。1921年，北京最早建立了产业工人党小组。1922年，长辛店工人罢工的胜利将京汉铁路大罢工推向了新高潮。在被日军占领的期间，北京人民进行了一系列艰苦卓绝的斗争，平西根据地抗日和焦庄户地道战名垂青史。1949年石景山发电厂的工人组织起来，成功地保护了电厂，保证了北平的供电，为北平和平解放做出了重大贡献。中华人民共和国成立之后首钢、燕化等一批现代工业建设起来，成为首都现代工业脊梁。从石传祥、张秉贵到李素丽、宋鱼水，一代代北京人传承着爱岗敬业、踏实奉献的精神风范。

四是首善力行。首都文化的长期浸染形成了北京自觉而强烈的首都意识。北京始终发挥着思想引领高地、价值观高地和道德高地的作用。100年前，十月革命一声炮响给中国送来马克思主义，这个开天辟地的大事就发生在北京。中华人民共和国成立后，党的思想理论、方针政策无不自北京发布。真理标准大讨论的思想解放和改革开放的号角也是在北京吹响。从邓小平理论、"三个代表"重要思想、科学发展观，到习近平新时代中国特色社会主义思想，作为中国共产党人集体智慧结晶的马克思主义中国化的理论成果都诞生于北京，进而指导、辐射全国，影响世界。同时，作为共和国的首善之区，北京在培育和践行社会主义核心价值观，构筑中国精神、中国价值、中国力量，夯实人们共同奋斗的思想道德基础方面始终走在前列，发挥着表率和引领作用。

忠诚正义、爱国为民、担当牺牲、首善力行的红色文化，以马克思主义为指导，是继承弘扬包括北京古都文化在内的中华民族优秀传统文化、吸纳人类先进文化的产物。红色文化为京味文化增添新元素、新特质，为创新文化提供主旋律、正能量，始终以先进文化统摄和引领整个首都文化发展。

三 融汇亲和的京味文化

在长期的历史发展中，北京逐渐形成一种独具地方韵味的市井文化，即京味文化，以天子脚下、皇城根中、胡同中、四合院里的平民文化为主体，上承宫廷文化和缙绅文化的营养；以北京地区的汉族文化为主体，横融满、蒙、藏等其他兄弟民族文化的精粹。京味文化是首都寻常百姓的文化，是首都文化中最鲜活、最接地气的部分。

一是诚信重礼。京味文化深受儒家伦理的影响，养成了一种讲究诚信、注重礼仪的古朴民风。北京至今犹存一批始建于明清或民国的老字号，具有浓郁的儒商精神，诸如践行"同修仁德、济世养身"的同仁堂，坚持"全而无缺、聚而不散、仁德至上"的全聚德等，充分体现了京味文化重诚信的一面。如果说注重诚信是儒家伦理的内在表现的话，那么注重礼仪则是儒家伦理的外在流露。北京人向以凡事讲究礼数、"有礼有面"著称，"彬彬有礼"四个字早已融入北京文化的每一个"细胞"里，流露在北京人的举手投足间。这些礼仪不论贤愚、不分贵贱，都是那么周到热情。

二是通达自在。京味文化继承和弘扬了元代以来的市民文化精神，追求个性自由、闲适安乐。北京人居于京城当然尊重社会地位，却又视富贵如浮云，并不刻意追求闻达，更瞧不起蝇营狗苟。无论生活水平是高是低，人生顺遂还是坎坷，京味文化所体现的是一种安适闲散、知足常乐的人生态度。基于这种通达，北京人普遍展现出一种直面现实的幽默感，善于自我调侃。北京人的善"侃"，更多时候不是为了交流信息，而是一种与外界积极保持联系、缓释生活压力、倾诉内心不平的方式。

三是雅俗共赏。在北京，传统上作为俗文化的平民文化与宫廷文化、缙绅文化等不同的文化层级间能和平共处，又相互影响，京味文化就是在雅俗文化之间互鉴互易、相生相济基础上形成的，从而既具备北京地方韵味，又具有一定程度的宫廷气象与宏儒风范；既具有多元的品味，又具有较高的追求。清末民初的政治变革，结束了两千多年的王朝统治，宫廷文化大量流出，部分精华内容渗透于民间，融入了京味文化之中。随着五四新文化运动的兴起，民俗民情受到进步文人的重视，使京味文化得以登堂入室。这样一种由上至下和由下至上的双向运动，使得京味文化具有了大俗大雅、以雅统俗、以俗存雅、雅俗共赏的特点。

四是和乐交融。京味文化是不同地域、民族、阶层文化会通、交融的结果。这样一种交融是你中有我、我中有你，充满世俗情趣的愉悦互动。比如，戏曲方面，国粹京剧前身是清初流行于江南地区的徽班，徽班进京演出同来自湖北的汉调艺人合作，相互影响，又接受了昆曲、秦腔的部分剧目、曲调和表演方法，逐渐融合、演变，才发展成为饮誉世界的皇皇国粹。饮食方面，各类菜系逐渐汇入北京，酝酿发展，最后形成了今日北京蔚为壮观的饮食文化，诸多美食脍炙人口，国内外耳熟能详。中华人民共和国成立后，大批机关干部、军队官兵、知识分子和普通民众从全国各地汇聚北京，以大院文化的方式为京味文化融入了多元一体、昂扬向上的新时代的革命元素，推动京味文学继续向前发展，发展出了新京味文学，以邓友梅、王朔等作家为代表的新京味文学风靡一时，并很快衍生出以何冀平、冯小刚、姜文等为代表的京味戏剧和京味影视，至今影响不衰。不同文化的和乐交融，共同熔铸了开放、包容、大气、生机勃勃的京腔、京韵与京味。

诚信重礼、通达自在、雅俗共赏、和乐交融的京味文化以源远厚重的古都文化为基础，又丰富和活化了古都文化，也以最接地气的方式涵养着红色文化。古都文化和红色文化共同锻造了京味文化独有的精气神。京味文化还为创新文化提供了丰富的资源、有益的启迪,使首都的创新打上了深刻的京味烙印。

四 蓬勃开放的创新文化

创新文化是指在一定社会历史条件下,在创新及创新管理活动中所形成的文化,主要包括有关创新的价值观、制度规范、物质文化环境等。首都蓬勃兴起的创新文化是北京人民大胆探索、勇于创造、自强不息、锐意进取的精神体现,表现为敢于开拓、宽容失败的创新氛围,各得其所、人人出彩的创新机会,要素齐全、人才密集的创新优势,科技与人文深度结合的创新特色。

一是传承超越。作为千年古都,北京在发展中始终吐故纳新,荟萃精华,涵养出了海纳百川、包容天下的精神,既注重文化传承,又勇于超越。中华人民共和国成立之初,基于全国生产力落后、技术薄弱的现实,北京明确提出"建设成为我国强大的工业基地和技术科学中心"的目标。1959年,总结市区工厂过多、布局不合理以及供水紧张、环境污染等教训,北京正式决定"今后除十分特殊的情况以外,在规划范围内一般不再摆工厂",实现了城市发展思想上的一个重要转折。上世纪80年代,北京一再强调"工业建设的规模要严加控制","今后北京不要再发展重工业。"到90年代初,北京确定城市性质是"全国政治中心和文化中心,是世界著名的古都和现代国际城市"。近年来,针对首都发展中的"大城市病",毅然决定疏解非首都功能,通州城市副中心建设、京津冀一体化和雄安新区崛起等重大决策应运而生。

二是涵容出彩。包容是北京精神的重要内涵,也是首都文化的重要特征。在首都的创新创业中,人们既为成功者喝彩,也为失败者加油,形成了全社会"鼓励创新,宽容失败"的环境氛围。北京生活成本高、压力大,可谓居大不易,但是四面八方的人愿意来到北京,一个极其重要的原因是北京拥有其他地方无法比拟的干事创业的机遇,这正是首都文化重要的软实力。随着中国的迅速崛起,不仅中国以空前的方式深度走向世界,世界也以空前的方式深度走进中国,北京作为中国的首都迎来了前所未有的世界机遇。把世界的机遇变为中国的机遇,也让中国的机遇成为世界的机遇。这些机遇不仅属于这座城市,而且属于生活在这座城市的每一个人。在这里,人人拥有出彩的机会。

三是居高致远。北京是国家理念、制度、科技、文化创新发展的重要策源地,富集了其他城市难以企及的国家级创新资源和平台。北京是我国教育、科技、人才乃至企业、市场渠道最为密集的地区。全国半数以上的两院院士在这里工作和生活。北京是拥有央企总部数量位居全国第一,拥有世界500强企业总部最多的城市。与此同时,北京还引领全国乃至世界流行文化、大众文化发展的方向,北京电影节、北京音乐节、北京戏剧节、北京国际青年戏剧节、北京国际旅游节等大型文化活动应接不暇，北京正成为国际文化活动中心、文化创意之都和时尚设计之都，引领积极向上的时代潮流。

四是化物弘人。作为国家创新中心，北京强调科技以人为本、创新以人为本，以满足人民日益增长的物质特别是精神文化需要为出发点，进一步带动全国科技发展以造福人民。一方面注重挖掘传统文化资源，把传统文化精神融入到现代科技成果之中。另一方面注重网络虚拟技术、人工智能技术的创新，一大批网络动漫、游戏，走出国门。正是以人文为导向，首都创新最大限度地为人们创造了便捷、绿色、舒适的生活条件，惠及所有城市居民，首都因此而变得更加和谐宜居，人们的生活更因此变得日益幸福，对全国乃至世界越来越发挥着引领示范作用。

传承超越、涵容出彩、居高致远、化物弘人的创新文化是首都文化中最体现时代精神、面向世界和未来的维度，为古都文化实现创造性转化、京味文化顺应全球化发展提供强大支持。创新文化是红色文化的题中之义和重要基因，创新文化助力红色文化，保证首都文化可以更好地引领全国、辐射世界。

至正庄严、雍容博大、崇文厚德、协和宁远的古都文化，忠诚正义、爱国为民、担当牺牲、首善力行的红色文化，诚信重礼、通达自在、雅俗共赏、和乐交融的京味文化，传承超越、涵容出彩、居高致远、化物弘人的创新文化，构成了首都文化的主要内容。

走进新时代，中国人从站起来、富起来进入到强起来阶段，人民日益增长的美好生活需要与不充分不平衡发展之间的矛盾成为社会主要矛盾。坚定文化自信，铸就中华文化新辉煌成为新的历史使命。北京作为全国文化中心，更是肩负对外展示国家文明形象，对内增强文化自信，对全国文化建设起着引领示范作用。为此，北京师范大学北京文化发展研究院以古都文化、红色文化、京味文化、创新文化为专题，编撰了这套"首都文化研究丛书"，力图对首都文化进行深入细致的研究和阐释，总结其发展过程中的经验和教训，以做好首都文化这篇大文章，更好发挥首都全国文化中心的凝聚荟萃、辐射带动、创新引领、展示交流和服务保障功能，为把北京建设成为充满人文关怀、人文风采和文化魅力的文化名城贡献自己的一份力量。

本研究丛书是北京市社会科学基金重大项目"文化发展基础理论及指标体系研究"（项目号17ZDA07）和北京师范大学学科交叉建设项目"文化发展理论与北京文化战略研究"的阶段性成果之一。从书共分四册：常书红、杨志撰写的《源远厚重的古都文化》；裴植、程美东撰写的《先锋引领的红色文化》；王旭撰写的《融汇亲和的京味文化》；戴俊骋撰写的《蓬勃开放的创新文化》。

北京师范大学北京文化发展研究基地
2019年1月

目　录

第一章　北京古都文化的内涵、定位及
　　　　基本特征 ………………………………（ 1 ）
　第一节　何谓古都 …………………………………（ 4 ）
　第二节　何谓古都文化 ……………………………（20）
　第三节　北京古都文化的基本特征 ………………（34）
第二章　源远流长的文化轨迹 ……………………（48）
　第一节　俯视庭宇：古都文化发展的天然
　　　　　优势 ………………………………………（51）
　第二节　体国经野：北京行政地位的上升及其文化
　　　　　影响 ………………………………………（60）
　第三节　继继绳绳：古都城市建设理念与文化
　　　　　特色 ………………………………………（70）
第三章　中正庄严的首善气派 ……………………（84）
　第一节　心怀社稷的正统意识 ……………………（88）
　第二节　庄重威严的建筑格局 ……………………（92）
　第三节　方正严整的城市生态 ……………………（103）

第四节　错落有致的文化生态 …………………（115）
第四章　雍容博大的帝都气象 ……………………（128）
　　第一节　雍容华贵的皇家气派 …………………（129）
　　第二节　高远博大的帝都胸怀 …………………（136）
　　第三节　兼容并蓄的文化形态 …………………（146）
第五章　崇文厚德的人文传统 ……………………（164）
　　第一节　立学弘教的文化津梁 …………………（164）
　　第二节　群英荟萃的人才渊薮 …………………（170）
　　第三节　汇集大成的文化成就 …………………（175）
第六章　协和宁远的天下情怀 ……………………（180）
　　第一节　多元交汇的文化基因 …………………（180）
　　第二节　协和万邦的文化理念 …………………（190）
　　第三节　借鉴会通的文化姿态 …………………（200）
参考文献 ……………………………………………（209）

第一章　北京古都文化的内涵、定位及基本特征

党的十九大报告明确指出，中国特色社会主义文化源自中华民族五千多年文明历史所孕育的中华优秀传统文化。而北京在中华民族五千年文明史中所处的地位及发挥的作用罕有其匹。正如习近平总书记在2017年2月考察北京时所强调的："北京历史文化是中华文明源远流长的伟大见证"。其中，北京绵亘近千年的古都文化更是我国都城文化及城市文化的结晶和典范，是辽、金、元、明、清五朝文化的缩影，尤其是元明清时期，北京文化跃升为中华文化的主体和精华。可以说，就文化意义而言，在全国众多古都中，北京具有很多不可比拟的优势：其一，北京乃中国历史上第一个也是唯一一个由少数民族建立的统一封建政权（元朝和清朝）的首都，它带来了草原文化、森林文化与中原农耕文化的空前融合，也带来了一种视野更为宏阔的世界图式：元朝"缔

造了一个新的中国，一个具有草原帝国意义的中国"①，改变了所谓"天下之中"的意涵，也改变了中国连接世界的构架和方式；至清代，满洲入主中原，森林文化与农耕文化、草原文化、高原文化、海洋文化发生空前的大搏击、大碰撞、大融合，中华文化的发展走向封建时代的巅峰。② 其二，北京控驭中原，俯视江南，中华民族多元一体认同空前加强，自此而后，中国再未出现长时间的割据局面。其三，北京建都后，为适应都城物质供应的需求，开凿了京杭大运河，这极大地促进了南北文化的交融，使其文化综合南北之精华，引领全国之风气。关于运河对北京建都的意义，梁启超不惮以盛言誉之："燕自古以来，不足为中原之轻重久矣。……其转掭之机，皆在于运河！中国南北两大河流，各为风气，不相属也。自隋炀溏运河以连贯之，而两江之下游，遂别开交通之路。交通之便不便，实一国政治上变迁之最大原因也；自运河既通以后，而南北一统之基础，遂以大定。此后千余年间，分裂者不过百年耳；而其结果能使江河下游，日趋繁盛，北京南京两大都，握全国之枢要，而吸其精华，……尔后运河虽淤涸，而燕京之势力不衰者，一由积之既久，取精用宏，与千年前之镐洛相

---

① 赵世瑜：《在空间中理解时间：从区域社会史到历史人类学》，北京大学出版社2017年版，第26页。

② 参见阎崇年：《森林帝国》，生活·读书·新知三联书店2018年版。

等；一由海道既通，易河运以海运，而燕齐吴浙闽越一气相属，燕乃建高瓴而注之也。"① 其四，中国文化中心从此固定下来，即使在民国时期短暂的非都城时期，北京亦保留着无可争议的"文化名城"地位，北京真正成为全国文化的首善者、示范者、引领者和辐射者。

在北京这座城市身上承载了多重身份和意涵：它既是都城，又是府城、县城；既是帝国和皇权的缩影，又是一个自金元以来就融合了多个族群、多种文化的民间社会。它具有无限的多样文化发展的可能性：既给不同的人群提供了各种选择，也提供给他们进行多元文化建构的空间。因此自元代以来，北京就是著名的国际化大都市。

北京千年积淀的古都文化不仅形成了首都文化的源流与根脉，更为今天北京的全国文化中心建设提供了深厚的底蕴和基础，从而成为中国特色社会主义文化的有机组成部分。2017年8月，北京市委书记、市推进全国文化中心建设领导小组组长蔡奇提出："建设全国文化中心，要集中做好首都文化（包括古都文化）这篇大文章"。这是对新时代中国特色社会主义文化语境下首都文化包括古都文化发展方向的全新定位。明确新时代古都文化的内涵、特征及发展思路，是北京古都文化发展需要破解的迫切问题。

---

① 梁启超：《中国地理大势论》，《饮冰室合集》文集，第四册，中华书局2015年版，第83页。

第一节 何谓古都

所谓古都，顾名思义，即曾经在中国古代被作为都城及政权所在地的城市。其中既包括统一政权的都城，也包括割据政权的都城；既包括汉族政权的都城，也包括少数民族政权的都城；既包括首都，也包括陪都。我国都城制度起于先秦，据学者统计，自夏商周至清代，我国古都数量达217个，涉及王朝277个，其中包括建立在内地的古都164个；建立在周边各地的古都53个。[①] 这些古都名称不一，形态各异，影响悬殊。就名称而言，或曰"都"，或曰"国"，或曰"京"，或曰"日下"，或曰"春明"，或曰"宸垣"，或曰"首善"，或曰"神州"，或曰"上都""上国"；或曰"中国""中都""中畿"；或曰"都下""都城""都辇""神都"；或曰"天阓""天衢""天宇""天阙""天都""天京""天邑"；或曰"辇下""辇毂""辇毂下""城辇"，或曰"皇州"，或曰"京师""京城""京华""京都""京辇""京国""京域""京邑""京阙""京兆""皇京""京下""上京""神京"；或曰"帝京""帝居""帝里""帝乡""帝都""帝郊"……不一而足。它们或统摄天下，或偏居一隅；或绵亘千年，或旋起旋灭。其统辖范围，或沃野千里，毗连朔漠；或弹丸之地，仅及立锥。其

---

① 史念海：《中国古都概说》，《陕西师范大学学报》1990年第1期。

第一章 北京古都文化的内涵、定位及基本特征

影响所至，则或辐射欧亚非诸大洲，为闻见者所瞠目；或隔绝于一境之内，不稔于邻邦。

日本人拍照正阳门（1806年）

如上所述，很多古都即使在当时，亦影响力甚微，后世更湮没无闻，所谓"古都文化"几乎无从谈起。影响力延绵至今者，本为数甚少，其文化之迹仍形于城市风貌，见于风俗人情者，更是屈指可数。所以近年来学界关于"古都"和"古都文化"的讨论，主要限于以北京、西安领衔的"四大古都""六大古都""七大古都""八大古都"等。

"大古都"一词最早出现于清末。其时随着文化地理学的兴起，"古都"的价值引发学界关注。1902年，梁启超在《中国地理大势论》中首次提出"大古都"一

词，并将长安、洛阳、汴京、燕京、金陵列为"五大古都"，梁氏虽未提出关于大古都的明确标准，但其中隐含着一定的标准要素。在他关于中国五大都的列表统计中，除了都城地理位置以外，还列举出了五座都城的建都历年：长安970年、洛阳845年、汴京205年、燕京718年、金陵366年。由此至少可以看出：建都历年的长久是梁启超"五大都"之说背后所蕴含的大古都标准的重要因素。1930年，张其昀出版《中国地理大纲》，提出"六大古都"之说，此说法一度为学界所认同并沿用至20世纪80年代。这一阶段，关于古都标准，尚未引发广泛的讨论。直至20世纪80年代以来，围绕六大古都、七大古都与八大古都的讨论，学界的研究愈趋深入：1983年，中国古都学会成立；同年，陈桥驿编撰出版《中国六大古都》；1988年8月，中国古都学会在河南安阳举行第六次年会，在会上就谭其骧在《中国历史上的七大古都》中提出的"七大古都"一说达成共识。2007年，朱士光出版《中国八大古都》一书，进一步阐述了"大古都"的评定标准。围绕"大古都"的入选标准，学界意见纷纭，综而言之，主要有以下几个方面：一是建都历史悠久；二是都城地理位置和山川形势优越；三是我国历史上主流（或主体、主干）王朝或政权的都城；四是都城建设宏伟，有着相当大的城址规模；五是在它遗址上或其近旁存在后续城市，且应是国家级或较高级别规格的区域性的政治、经济、文化中心。各大古

第一章 北京古都文化的内涵、定位及基本特征

都分布及迭代的规律，不仅体现了中国都城选址的客观需要，也反映了中华文明中心的流向。①

表1　　　　　　　　中国大古都标准统计表

大古都的各项条件	谭其骧1989年	刘鸿喜1990年	史念海1991年	马正林1993年	邹逸麟1994年	陈桥驿1994年	徐建春1994年	朱士光2007年	李令福2014年	合计
建都历年长久	○	○	○	(200年以上)	○		○	○ (200年以上)		7
都城地位重要	(政权疆域广阔)	(统一王朝都城)	(统一王朝都城)	○(政治或经济文化中心)	(政治或经济文化中心)	(传统王朝都城)	(传统王朝都城)	(主干王朝都城)	(正统王朝都城)	9
都城特性鲜明	(都城繁盛)		(影响广大)	○(建设宏伟)事业	(建设宏伟)	(规模宏伟)	(规模宏伟)		(特殊作用)	7
古今城址相关				(延续为著名城市)	(位置重合或部分重合)	(位置重合或部分重合)	(今为治所或经济都会)		(选址有延续性)	5

---

① 梁启超认为："文明之发生，莫要于河流"，"自周以前，以黄河流域为全国之代表；自汉以后，以黄河扬子江两流域为全国之代表"。见梁启超：《中国地理大势论》，《饮冰室合集》文集，第四册，中华书局2015年版，第78页。

续表

大古都的各项条件	谭其骧1989年	刘鸿喜1990年	史念海1991年	马正林1993年	邹逸麟1994年	陈桥驿1994年	徐建春1994年	朱士光2007年	李令福2014年	合计
都城选址优越				（位置和地形优越）	（位置和地形优越）					2
合计	3	2	3	5	4	2	4	4	3	30

参见毛曦：《中国大古都标准问题的百年回顾与当代思考》，《天津师范大学学报（社会科学版）》2017年第2期

古都首先是一个历史性的概念。我国都城的形成和发展经历了漫长的历史过程。它萌芽于原始社会后期，至商周形成早期的都城制度。其后，都城在形态上先后经历了城、郭相连到由宫城向里城再向外城辐射的圈层式布局两个阶段。制度方面，则以唐宋为分水岭，可划分为两个时期：唐代之前，属于封闭式都城制度时期，其特点是郭内居民住在相对封闭的坊、里之内，贸易则集中于固定的"市"来进行；宋迄明清，则属于开放式都城制度时期，行市和街市的兴起，不仅打破了坊、市即居民区和贸易区的界限，而且营造了大街小巷贯通的新型城市格局。就个体而言，每一座都城也都经历了它的前世今生，经受了各个历史时期政治、经济、军事、社会和文化生活等诸多因素的雕琢和影响，因而带着各个时期历史的印记；同时它又可以看作那个时代的最重

要的标本乃至一座纪念碑。

中国关于都城的记载和描述出现很早。从西汉司马迁的《史记》起，各种通史中的地理志、郡国志、地形志、地方志关于都城的记载不绝如缕，并出现诸多专记都城的著作，如西晋陆机所撰《洛阳记》、北魏杨衒之所撰《洛阳伽蓝记》、宋代孟元老所撰《东京梦华录》、明代刘侗所撰《帝京景物略》、顾炎武所撰《历代宅京记》，以及清代于敏中等编纂的《日下旧闻考》等。各类文学作品（如《两都赋》《二京赋》等）、艺术作品（如《清明上河图》《皇都积胜图》）关于都城景物气象的描绘更是令人心驰神往。历代对于都城不厌其烦的记载和不惜笔墨的渲染，都完美体现了古都在漫长文化发展历程中的中心和轴线地位。

其次，古都又是一个空间性的概念。在一定意义上，古都研究可定义为一种对于"空间过程"的研究，都城史可以视作人类对于核心生产生活空间建设利用的变迁史。正因为如此，不仅早期对于"都城"或"古都"的很多记载和描述都出现在地理类的图书中，而且即使不是地理类的图书，其中对"国家"或都城的记载也往往以空间描述起笔。如在《周礼》六篇中，除"冬官"今已不存，其余天官、地官、春官、夏官、秋官均以"惟王建国，辨方正位，体国经野，设官分职，以为民极"起首，"辨方正位"不仅是都城建设的基础，而且是王朝理念和都城伦理最重要的体现。从历史发展来看，北京成为都城本身就是中国政治地理格局发生变化的结果。周振鹤指出，出于政治地理因素的考虑，中国古代一统王朝与分裂时期以及近现代的首都，主要都设在西安、洛阳、北京、南京、开封五个城市及其附近，并进而通过分析得出结论：在中国历史前大半段，我国都城的变化主要体现为在西安、洛阳、开封之间做东西向徘徊，之后小半段则在南京与北京之间南北往复。比如，在从西周到唐代长达两千多年的时间里，首都在西安与洛阳之间徘徊往复多次；从唐末到北宋二百年间，都城主要在开封与洛阳之间徘徊；从金朝至今，都城则主要在北京与南京之间往复迁移。[①] 自20世纪50年代古都学兴起以来，古都的空间格局及其变化规律也引起学界的广泛关注。如武廷海认为，"辨方正位""体国经野"乃是一种空间性的表述，强调了通过空间管理的办法来管理社会的重要传统。所谓辨方正位，即确定南北方位。继而"体国经野"，即确定行政区划进行管理。对于都城空间的规划反映了统治者的基本管理理念。

在都城的选择过程中，空间坐标往往是居于第一位

---

① 周振鹤：《东西徘徊与南北往复——中国历史上五大都城定位的政治地理因素》，《华东师范大学学报（哲学社会科学版）》2009年第1期。

的权衡因素。这一坐标一般包含两大要素：一是是否位于"中心"，二是距离统治集团发源地是否交通便捷安全。所谓"中国"，就是中华王朝根深蒂固的中心观念的直接反映，这必然体现在对古都的选址和设计上。故《吕氏春秋·慎氏》云："古之王者，择天下之中而立国。"作为中国早期对于政区制度最重要的两种设想，"五服"及"九州"均强调空间上的中心观念。"五服"的基本架构即是以王畿为中心的五个同心圆：五百里甸服：百里赋纳总，二百里纳铚，三百里纳秸，服四百里粟，五百里米。五百里侯服：百里采，二百里男邦，三百里诸侯。五百里绥服：三百里揆文教，二百里奋武卫。五百里要服：三百里夷，二百里蔡。五百里荒服：三百里蛮，二百里流。简言之，就是在王畿外围，以五百里为一区划，由近及远分为侯服、甸服、绥服、要服、荒服。每服之内，复以一百里为单位，划为五个更小的区间。"九州"的划定方法则是："海内之地，方千里者九。九州各以其山川画界，而九畿自王畿出，四面画之。"① 此外，在都城的选择上，统治者往往还要考虑地理形胜，利于防守，以及与其"龙兴之地"之间的距离和交通，保持与原生地的往来便捷。

实际上，作为空间要素的古都具有多个维度的意义：它既是国家的，又是社会的；既是宗教的，又是世俗的；

---

① 《周礼说》卷四，清道光十年陈氏五马山楼刻本。

既是景观的，又是制度的。在视觉上，它宏大、壮观、严谨、有序而丰富多彩，像是一幅引人入胜的卷轴画；而透过画面，我们又可从中发现种种历史的肌理和细节。

再次，古都更是一个文化的概念。"城"，金文作 ，（郭，环绕村邑的护墙） （成，用武力实现霸业），表示用武力保护郭墙。《说文解字》注曰："城，以盛民也。""都"，金文作 ，（者，"煮"，焚烧） （邑，城邑），表示焚烧祭天之城。许慎《说文解字》解释："都，有先君之旧宗庙为都"。显而易见，"城"与"都"的意涵及功用有显著的不同。前者侧重于防卫，其最突出的物质实体为城墙；后者则侧重于礼制，最突出的物质实体为"先君之旧宗庙"。前者是一个军事概念，后者则为文化概念。这也是所谓"都"和"邑"的区别。

《礼记·礼运》①云：

> 大道之行也，天下为公，选贤与能，讲信修睦。故人不独亲其亲，不独子其子，使老有所终，壮有所用，幼有所长，矜、寡、孤、独、废疾者皆有所养，男有分，女有归。货恶其弃于地也，不必藏于己；力恶其不出于身也，不必为己。是故谋闭而不兴，盗窃乱贼而不作，故外户而不闭，是谓大同。

---

① 《礼记》卷七，礼运第九，四部丛刊景宋本。

第一章 北京古都文化的内涵、定位及基本特征

今大道既隐,天下为家。各亲其亲,各子其子,货力为己。大人世及以为礼,城郭沟池以为固。礼义以为纪,以正君臣,以笃父子,以睦兄弟,以和夫妇,以设制度,以立田里,以贤勇知,以功为己。故谋用是作,而兵由此起。禹、汤、文、武、成王、周公,由此其选也。此六君子者,未有不谨于礼者也。以著其义,以考其信,著有过,刑仁讲让,示民有常。如有不由此者,在执者去,众以为殃。是谓小康。

都城产生于国家政权统治的需要,"城郭沟池以为固""礼义以为纪"乃是保证政权力量和都城地位的两大缺一不可的必要条件。《周礼·考工记》中记载了六种重要器物:钟鼎、斧斤、戈戟、大刃、削杀矢、鉴燧的不同含锡量,其中第一种为礼器,后五种为兵器。而在"城郭沟池"与"礼"的关系中,"礼"又是核心性的要素。正所谓"域民不以封疆之界,固国不以山溪之险,威天下不以兵革之利"[1],"忠信为甲胄,礼义为干橹"[2]。西周以宗法等级制度为核心的礼的思想,正是中国古代社会正统统治思想的核心。换言之,都城之制外形于城郭沟池,内化于礼制。而礼制之行,又恰恰是都

---

[1] 《孟子》卷四,公孙丑章句下,四部丛刊景宁大字本。
[2] 《礼记》卷四十一,儒行,清道克刻本。

城文化的缘起。礼制的首要意义，是确立君王至高无上的权势与威望，随后便是招徕人才了。因此至战国时期，齐国临淄等诸侯国开始设立学宫，纳才弘学，"为开第康庄之衢，高门大屋尊宠之"。①

法国雕版画中的清代北京城

实际上，在都城选址空间考量的背后，更透射出中国中央集权的政治与文化理念的影响。元朝霸突鲁在建议以燕京为都时对忽必烈说了这样一段话："幽燕之地，龙蟠虎踞，形势雄伟，南控江淮，北连朔漠。且天子必居中，以受四方朝觐，大王果

---

① 《史记》卷七十四，孟子荀卿列传第十四，清乾隆武英殿刻本。

第一章 北京古都文化的内涵、定位及基本特征

欲经营天下，驻跸之所，非燕不可。"① 地势险要，易守难攻，是自然空间优势；"天子必居中，以受四方朝觐"则是出于政治与文化方面的考虑。在都城建设中，文化更被赋予了至高无上的地位，所谓"僻界西戎，险阻四塞，修其防御，孰与处乎土中，平夷洞达，万方辐凑。秦岭、九嵕，泾、渭之川，曷若四渎、五岳，带河溯洛，图书之渊。建章、甘泉，馆御列仙，孰与灵台、明堂，统和天人？太液、昆明，鸟兽之囿，曷若辟雍海流，道德之富？游侠逾侈，犯义侵礼，孰与同履法度，翼翼济济也？……识函谷之可关，而不知王者之无外也。"② 王朝疆域构成及其统治者身份的变化往往会导致"天下之中"位置的变化，而"天下之中"位置的变化又多伴随着都城发展理念乃至王朝文化观念的巨大变化。据《元一统志》载："天德元年海陵意欲徙都于燕，上书者咸言上京临潢府僻在一隅，官艰于转漕，民难于赴愬，不如都燕，以应天地之中。……诏曰：燕本列国之名，今立京师，不当称燕京，改号中都，以析津府为大兴府"。③ 诚如赵世瑜指出，在中原王朝的视野里，北京偏居东北一隅，大不过是边塞重地，而在将北至贝加尔湖、西迄中亚一带纳入其视野范围的草原民族看来，

---

① 宋濂等撰：《元史》卷一百一十九，列传第六，清乾隆武英殿刻本。
② 张衡：《东京赋》，《文选》卷一，胡刻本。
③ 孛兰盼等撰、赵万里校辑：《元一统志》卷一，中华书局1966年版，第2页。

北京乃是真正的"天下之中"。"北京一旦变成了首都，整个中国的格局就发生了很大的变化，南北的关系也发生了很大的变化。"① 周振鹤先生也认为，北京之所以能成为千年帝都，很重要的一个因素就是由于边疆民族的入主中原，带来了东北与北方的辽阔版图，使得原来天下之中的位置发生了变化。② 这种基于"天下之中"发生变化而折射出的国人空间视野的变化，既是政权变革的直接结果，也是中华民族多元一体进程的必然选择。

那么，古都的意义何在？我们为什么要关注古都呢？

英国学者约翰·伦尼·肖特认为，城市的核心属性在于权力。它"告诉我们谁拥有权力，又是如何行使它。它的布局、用途、规模、内部规划和外部设计表现着这个社会中的权力的性质、分配和竞争"。"权力斗争归根到底围绕着城市的意义而展开：它代表着什么、它能表达什么、它应该代表什么。"③ 而在城市当中，都城自然又成为最核心的部分。另一位英国学者朱剑飞则将空间视为"包含了一个权力关系的场域"，用空间理论对都城的权力分布和运行加以解释，并指出空间是一个

---

① 赵世瑜：《在空间中理解时间》，北京大学出版社2017年版，第26—27页。

② 周振鹤：《东西徘徊与南北往复——中国历史上五大都城定位的政治地理因素》，《华东师范大学学报（哲学社会科学版）》2009年第1期。

③ ［英］英约翰·伦尼·肖特：《城市秩序：城市、文化与权力导论》，郑娟、梁捷译，上海人民出版社2007年版，第433页。

第一章　北京古都文化的内涵、定位及基本特征

"真实实践的场域，一个在平面中并未被充分表现甚至被压抑的领域。""平面是一个空间在水平表面上的投影，而空间本身则是运动、社会实践与人们日常生活的场所。"[①]

古都作为王朝的核心，往往成为政治、经济、文化、社会、生态等各个领域变革的强大孵化器、介质和推进力。因此，"古都"不仅是我们审视历史进程的一个焦点和参照，更是我们理解和透视现状的重要切入点。那么，作为城市的最高形态，古都又代表了什么？表达了什么？应该代表什么呢？

第一，古都的出现意味着文明时代的开始。我国历史从原始氏族社会晚期（龙山文化时期）跨入古国、方国、王国时期（"五帝"时期），继而进入奴隶社会（夏王朝）的重要标志之一，就是都城的出现。

第二，古都代表了一座城市生长的"结构过程"。早在20世纪80年代，陈桥驿先生就将一座"大古都"的发展分为四个阶段：聚落、城市、古都、大古都。在我国5000年的文明史中，"都"作为一个至关重要的符号，与政治、经济、社会、文化乃至环境的发展息息相关，如影随形。都城的出现既是城市形成和发展的结果，又引领着城市发展的方向，体现了人类对于城市理想形

[①] 朱剑飞：《中国空间策略：帝都北京（1420—1911）》，诸葛净译，生活·读书·新知三联书店2017年版，第27、26页。

态的想象、追求和维护。

第三，古都代表了民族的文化源流及精神实质。如史念海先生所言，"我国历史悠久，王朝或政权先后迭出，极为繁多，莫不皆有其都城。或绍继前代，或自创新局，皆能使之成为一时的政治中心，同时也使之成为一时的文化中心。能够成为文化中心，自是由于各方文化的荟萃。都城既然荟萃各方的文化，又复以之向外传播，影响各方，相互融通，推陈出新，有所发展。时移世易，当时都城，过后皆成古都，仿佛已为陈迹。然文化源流并未稍断，仍在融通发展之中，数千年来始终一脉相承"[1]。川端康成《古都》一书中弥漫着的幽玄、虚无和物哀特质，恰恰是日本民族最深层的精神积淀；贾平凹、路遥等以西安为背景的小说总让人看到人们在辉煌与破灭间的骄傲与失落。被视为北京古都文学代表的老舍小说中渗入骨髓的那种深沉的爱恋则让每个曾经生活在这座古都的人无可自拔。而北京作为一座历经3000年历史，曾十二次作为都城的城市，不仅被赋予了地域符号的意义，更被赋予了华夏民族生生不息的追求；不仅被赋予了封建王朝秩序设计的精髓，也记录了民国以来中国的

---

[1] 史念海：《中国古都的变迁与文化融通》，《陕西师范大学学报（哲学社会科学版）》1994年第4期。

政治和社会巨变。它承载了一个城市的沧桑巨变，也折射了中国社会和中华文化的传承和新变。

第四，古都作为一种权力控制下的空间存在，它的存在状态及运行机制都体现着城市权力的分配格局，包括政治威权、经济资源的所有权与经营权、教育文化的享有权乃至礼仪与道德规范的话语权等。在古都空间中，权力是最根本的塑造力量，它不仅塑造着城市的外部形态，也塑造着人们的行为、思想、语言等。它制造和确定了各种边界，从城墙、城门、官署、市场到居民个体的居住和生活空间，这种边界构成的格局、秩序及其变化鲜明地呈现出古都社会生态的横切面及纵向的肌理。

第五，古都的最大意义，乃在于它的现实意义。与其说古都是现实的参照，毋宁说它本身就是现实。它既是历史的一部分，又坐落于现代城市群落之中，它们彼此的冲突与对话，是全球化城市图景中最值得关注的一幕。

概而言之，都城作为权力的标志和核心，它的形象、格局、生态都集中反映着城市、国家乃至人类文明的走向，它不仅在经济变革和社会变迁中拥有主导权，更在文化发展和嬗变中拥有毋庸置疑的主流话语权。

第二节　何谓古都文化

文化是城市的灵魂，是一座城市得以在众多城市中脱颖而出的原始资本。大凡历史厚重的城市，总能让人轻而易举地联想出这座城市的文化底蕴，畅游于想象与历史之中，感受到它无形的魅力与吸引力。可以说，城市最深刻的魅力来自它的历史文化，而每一个古都文化的辉煌，不仅照亮了它的时代，更透进现实，在现代化的城市群中焕发出卓然不群的光彩。古都文化乃是城市和人类文明最有力的言说者。

古都文化泛指历史上作为都城的城市所创造出的代表一个时代或一个国家的最高水平的文化。这些文化不仅在当时是支撑王朝与政权得以存在的内在精神支柱，是国都乃至全国繁华兴盛的重要因素，也对古都所在地区当今的社会生活产生深远的影响。[①] 古都文化是以古都为载体，在城市作为古都期间产生、发展和积淀起来的独特的城市文化。它包含了政治文化、民族文化、宗教文化、社会职业文化与社会阶层文化以及行为文化（即衣、食、住、行文化，如服饰文化、饮食文化、建筑文化、民居文化、行旅文化

---

① 朱士光：《中国古都与中华文化关系研究》，《陕西师范大学学报（哲学社会科学版）》2004 年第 1 期。

等）等方面。广义而言，古都文化泛指与古都有关联的物质文化和精神文化，包括物质文化遗产、非物质文化遗产和精神文化遗产等。

由古都的要素构成，可以推导出构成古都文化的基本要素：一是源远流长，不仅历史悠久，而且脉络清晰，不仅一度成为中华文明的主流而且始终是重要的支流；二是不仅具有突出的区位特征，而且具有很强的包容性和融合力；三是体现了中华文化的核心价值；四是格局宏大，一般拥有独特醒目的地标建筑和文化设施，英才辈出；五是至今仍在文化领域特别是传统文化的传承和发展方面发挥着重要的影响力。从历史文化的角度来看，古都无论存在久暂，影响大小，都曾是其时中华文化的一个样本或组成部分；但就今天发展城市文化的角度来看，只有这些古都与现代城市的地理位置相重合或基本重合，才谈得上在城市文化建设中发掘或传承古都文化的价值。而在所有古都与现代城市的纽带中，只有北京以"都"的名义与实质将文化的古与今、传统与现代汇合在一起，使我们得以站在国家与民族文化的脊梁上穿越古今，眺望未来。

如前所述，都城的选择和建设往往是对城市历史、空间和文化诸因素综合考量的结果。在时空坐标内，政治的、经济的、文化的、军事的等各种因素被反复权衡和判断，从而确定了中国古都变迁的轨迹。可以说，中国古都在时间和空间坐标系中演进的过程，同时也是政治、经济、文化、军事等各种因素共同并彼此作用的结果。近年来,历史地理学研究取得了令人瞩目的成果,古都学的兴起与发展正是建立在这一基础上。但值得注意的是,目前对于古都的研究考察大多仍聚焦于政治、经济因素,以文化切入的比较少见。但不可否认的是,在某些时候,文化因素在古都发展中发挥了更为重要的作用。

鉴于本书主要从文化的角度来审视古都的发展,所以,这里集中思考的问题就是:我们应该如何在时空坐标中考量古都文化的历史与现状?

一方面,当我们在时间轴上观察古都文化时,不难发现:由于古都往往是其时全国或区域文化的引领者、代言者和示范者,所以整体来看,古都文化是一个连续的演进波,波纹起伏,脉络清晰;但在王朝嬗代之间,甚至在每个王朝不同发展阶段之间,文化的物质形态(如建筑布局、结构、形象等)和精神形态(如宗教、制度、理念等)则会发生或隐或显的变化,会有一些裂缝或结节。而这些裂缝和结节也许恰恰是古都乃至中国文化在历史时序上多样性与丰富性的言说者。

另一方面,当我们从文化思考空间或从空间思考文化时,所指涉的空间通常有两个:一是自然地理空间,二是行政区划空间。而在追溯某一区域文化或城市文化源流与特色时,又往往以孕育出这一文化特色

第一章　北京古都文化的内涵、定位及基本特征　　23

的自然地理空间为依据。如钱穆依据自然环境——生活方式——文化精神的递进影响机制，将人类文化划分为三型：源于高寒草原地带的游牧文化、源于河流灌溉平原的农耕文化和源于滨海地带以及近海之岛屿的商业文化。① 章生道则将1911年中国县治分布划分为华北、西北、长江下游、长江上游、岭南、东南沿海和云贵七个大区，以及长江中游五个亚区，即湘江流域、赣江流域、汉水流域、走廊地带和沅江流域。至于为何如此划分，施坚雅给出了一个形象的比喻，他将这些地文亚区与大区设想为以土地为基础的社会经济体系的"自然"容器——一种"空"的容器，认为"只有在其空间为中国人的聚落所'充满'时，才能实现其模塑并整合人类间的交互影响的潜力"②。也就是说，城市的社会、经济、文化的种子都是在自然环境这个"容器"的孕育和制约下生根、发芽的，只要环境不同，文化必是歧异的。可见，在城市文化形成的过程中，地理环境提供了基本的生长空间和土壤环境，这种特色沉积在文化的深处，持续影响着一个城市的文化特质和文化品格。

　　同时，行政版图对城市文化的影响也是显而易见的。

---

① 钱穆：《中国文化史导论》，商务印书馆2000年版，第2页。
② ［美］施坚雅主编：《中华帝国晚期的城市》，叶光庭等译，中华书局2000年版，第10—13页。

今天在各地文化精神讨论中屡屡被提及的燕赵文化、三秦文化、齐鲁文化、晋文化、楚文化等,无不与历史上的行政区划息息相关,往往是在历史的特定时期,在明确的行政建制之下,由地方政权主导对主流文化、当地特色文化及外来文化进行整合的结晶。

值得注意的是,同一名称符号下的地理、文化与行政范畴往往相互联系,彼此交叉,又不会完全重叠。就文化版图与行政区划的关系来看,"文化系统的范围与行政单位的版图是不同的,后者有明确的边界以表示主权的所属,而前者不可能有显然可见的界限"[1]。同样,地理版图也有较为明确的地理标识所形成的界限。就行政区划与地理版图的关系来看,中国古代在划分行政区划方面,虽以地理环境为依据,却形成了两个相对立的原则:一是"山川形便",即以天然的高山、大河作为行政区划分的边界,使行政区与自然地理区域相一致,以便利区划范围内的一体化发展和对外防御。此种行政区划下的地方文化,易呈现出同质化、稳定化的样态和趋势。二是"犬牙交错",即人为

---

[1] 许倬云:《万古江河:中国历史文化的转折与开展》,上海文艺出版社2006年版,第1页。

地打破自然地理的区域，使行政区的界线如同犬牙一般相互交错，此种区域划分的出发点，则在于破坏区域外部的天然屏障和在内部设置阻隔和障碍，以避免地方势力坐大进而形成割据政权的威胁。此种行政区划下的地方文化，则更多呈现出异质化、多元化和变动不居的特色。

除此之外，在城市文化空间中隐而不彰的还有一个重要因素，即城市居民的情感认同。在城市发展的过程中，某些文化元素的长期积累和代际传承，不仅会形成相对固定的文化符号，也在其居民中产生强烈的情感认同。从文化发展的角度来说，情感认同较之自然环境或行政区划的变化具有更强的稳定性。

古都文化的价值主要体现在以下几个方面：

1. 古都文化是城市历史文脉和民族传统文化的重要组成部分，也是乡愁的重要载体。

凯文·林奇认为，城市景观也充当着一种社会角色。它不仅是镌刻城市居民共同记忆和符号的源泉，也是记录群体历史和思想的巨大记忆系统。他以澳大利亚阿伦塔部落为例，指出这个部落中的人之所以都能背诵一些很长的历史故事，并非因为他们具有特殊的记忆能力，而是因为乡村里的每一个细节事实上都在暗示着一些传说，而每一景观又向人们提示了对共同文化的记忆。莫里斯·赫伯瓦克在谈及现代巴黎时也有同样的观点，他认为不变的物质景观和对巴黎的共同的记忆，是将人们联系在一起的并得以互相交流的强大力量。①

城市的时间长度和空间量度并不仅仅意味着它的建筑形成的时间与布局，更诉说着这样的长度和空间与历史文化之间勾连错杂、丰富多元的关系。宫殿的建筑法式，街道的数量和格局可以呈现给我们一些数字和知识，但失去了历史脉络和事件的长度与空间即使不能说没有意义，也是苍白而单薄的。"城市就像一块海绵，吸汲着这些不断涌流的记忆的潮水，并且随之膨胀着"，"城市不会泄露自己的过去，只会把它像手纹一样藏起来，它被写在街巷的角落、窗格的护栏、楼梯的扶手、避雷的天线和旗杆上，每一道印迹都是抓挠、锯锉、刻凿、猛击留下的痕迹"②。

---

① ［美］凯文·林奇：《城市意象》，方益萍、何晓军译，华夏出版社2001年版，第95页。
② ［意］卡尔维诺：《看不见的城市》，张密译，译林出版社2012年版，第9页。

从世界范围来看，一些首都城市之所以成为世界历史文化名城和世界文脉标识，正是缘于其对古都城市风貌及其城市历史文化的坚持和坚守。特别在现代化飞速发展的今天，现代元素对城市面貌造成的巨大冲击、现代理念对传统观念的疏离正在慢慢剥蚀沉淀在古都中的乡愁。

2. 古都文化是国家和民族文化发展的"路标"，每个历史时期对国家的文化型塑和对文化的国家认同往往体现在对首都文化的塑造和认同上。

"一座城市的历史就是一个民族的历史。"古都文化是一个时期国家文化资源、人才及其成就的集大成者，是民族文化的高地。论者言及古都，往往将焦点放在其首屈一指的文化资源、蔚然大观的文化人才，翁郁葱茏的文化气象和多元蓬勃的文化景观上。如言及南京，有"文学之昌盛，人物之俊彦，山川之灵秀，气象之宏伟，以及与民族患难相共休戚相关之密切，尤以金陵为最"之论[①]；谈及洛阳，则历数其文人学士之荟萃：李白、杜甫、白居易、柳公权、褚遂

---

① 朱偰：《金陵古迹图考》，自序，商务印书馆1934年版。

良、颜真卿、吴道子、李龟年、玄奘等都在洛阳留下印记；论及西安，则从秦始皇陵兵马俑到华清池，从大、小雁塔到碑林，从未央宫到钟鼓楼，如数家珍；提到北京，更是皇家文化蔚为大观，明清教育史迹丰厚，文化名人灿若星河……

3. 各个古都不同的文化特色，形成各具优势的古都文化品牌，凸显出古都文化历久弥新的当代价值。

在以时间、空间及政治与文化理念等多重维度构成的古都文化视域中，每个古都文化像一颗颗带着不同成长印记的钻石，呈现出不同的光彩，也赋予了自己不同的个性符号与品牌价值。仅以北京、西安、洛阳、开封、郑州、安阳、南京、杭州八大古都来看，其古都文化品牌价值表现出明显的差异。（见下表）

北京自辽代以来，已有一千余年作为都城的历史，从古都历史长河中留存下来的丰富的文化资源，是这座城市的纪念碑。它们见证了北京城的兴衰起落、见证了人们的悲欢离合，孕育了一代又一代的北京人，同时，这些人也在不断刻画着属于自己的文化印记，薪火相传，生生不息，从而为我们呈现了今日的北京城。北京

第一章 北京古都文化的内涵、定位及基本特征

八大古都品牌价值差异分析①

古都名称	建都时长及政权数量	空间优势及特征	品牌特征
洛阳	共建都1302年。先后有31个政权建都（包括陪都）于此，即帝喾、夏（早期、末期）、商（初期）、西周（成王五年后）、东周、战国韩（早期）、秦末河南王、西汉（高祖初）、更始、东汉、曹魏、西晋、北魏（493年后）、隋（炀帝后）、李魏、王郑、唐、武周、大燕、后梁、后唐、后晋（高祖初）、中华民国（32年）23个政权的首都及新莽、后赵、东魏、北周、后汉、后周、北宋、金8个政权的陪都。在王朝"正朔"体系中，为十三朝（夏、商、周、汉、魏、晋、北魏、隋、唐、后梁、后唐、后晋、民国）古都。	地处黄河中游南岸，"北据邙山，南对伊阙，洛水贯都，有河汉之象"，素有"河山控戴，形胜甲于天下"（《读史方舆纪要》）之誉。	1. 十三朝古都，建都时间最长，被视为中华文明源头。"30年看深圳，200年看上海，800年看北京，1000年看开封，3000年看西安，5000年看洛阳。""洛阳之盛衰，天下治乱之候也" 2. 丝绸之路东起点、隋唐大运河中心 3. 中国早期都城遗址最杰出的代表（洛阳二里头遗址、偃师商城遗址、东周王城遗址、汉魏故城遗址等） 4. 华夏之源。即华夏民族之根（河洛文化渊源有序）与中华文明之源（佛教起源地、道教创始地、佛教首传地、玄学兴盛及理学光大地）

---

① 参考丁梧秀等：《论古都文化场域中的洛阳文化品牌》，《河南科技大学学报（社会科学版）》2018年第1期。

续表

古都名称	建都时长及政权数量	空间优势及特征	品牌特征
西安	共建都1001年。曾作为首都24次，包括西周（初年、末年）、秦、西汉、新莽、更始、赤眉、东汉（献帝初）、西晋（愍帝）、前赵、前秦、后秦、西燕（一个月）、东魏、北周、隋（文帝）、唐、武周（2年）、黄齐、大顺（一个月）等十九个政权的首都及曹魏、后赵、五胡夏、后唐、中华民国等5个政权的陪都。在王朝"正朔"体系中，为七朝（周、汉、晋、西魏、北周、隋、唐）古都。	"夫关中左崤函，右陇蜀，沃野千里，南有巴蜀之饶，北有胡宛之利，阻三面而守独，以一面东制诸侯，安定河渭，漕輓足以西给京师，诸侯有变，顺流而下，足以委输。此所谓金城千里，天府之国。"（《汉纪》前汉高祖皇帝纪，卷三，四部丛刊景明嘉靖刻本）"左有崤函重险、桃林之塞，缀以二华，巨灵赑屃，高掌远跖，以流河曲，厥迹犹存。右有陇坻之隘，隔阂华戎，岐梁汧雍，陈宝鸣鸡在焉。于前则终南太一，隆崛崔崒，隐辚郁律，连冈乎蟠冢，抱杜含户，欱沣吐镐，爰有蓝田珍玉，是之自出。于后则高陵平原，据渭踞泾，澶漫靡迤，作镇于近。其远则九嵕甘泉，涸阴冱寒，日北至而含冻，此焉清暑。尔乃广衍沃野，厥田上上，实	秦风汉韵盛唐气象

第一章 北京古都文化的内涵、定位及基本特征

续表

古都名称	建都时长及政权数量	空间优势及特征	品牌特征
西安		为地之奥区神皋。""地沃野丰,百物殷阜;岩险周固,衿带易守。得之者强,据之者久。"（张衡：《西京赋》）	
北京	共建都918年。建都或迁都至此的政权包括：诸侯蓟、诸侯燕、秦末燕王、前燕、安史燕、刘燕、辽（1125年）、金（中期海陵王后）、元、明（成祖后）、大顺、清、中华民国（早期）、洪宪、中华人民共和国15个。在王朝"正朔"中，为五朝（辽、金、元、明、清）古都。	位于华北大平原的北端，"左环沧海，右拥太行，北枕居庸，南襟河济"，踞华北平原出入东北平原及蒙古高原之门户，衔北方游牧文化与华北农耕文化沟通之枢纽。	世界上最完整的宫殿建筑群 国家级文物与非遗数量遥遥领先 当今政治、文化中心、科技创新中心和国际交往中心

续表

古都名称	建都时长及政权数量	空间优势及特征	品牌特征
开封	共建都592年，计14次。其中，作为首都13次：夏（帝杼后）、诸侯杞、战国魏（前364年后）、后梁、后晋、辽（辽太宗三个月）、后汉、后周、北宋、张楚（一个月）、刘齐、金（海陵王及宣宗南迁后）、韩宋；作为陪都1次：明。 在王朝"正朔"体系中，为七朝（夏、后梁、后晋、后汉、后周、北宋、金）古都。	"天下之枢，万国咸通"，水陆交通发达	1. 八朝古都 2. 清明上河图
南京	共建都445年，计14次。建都或迁都至此的政权包括：东吴、东晋、桓楚、侯汉、宋、齐、梁、陈、南唐、南宋（初期）、明、南明、太平天国、中华民国。 在王朝"正朔"体系中，为八朝［晋、南朝（宋、齐、梁、陈）、宋、明、民国］古都。	"江南佳丽地，金陵帝王州" 六朝建都之所，楚威王以其地有王气，埋金以镇之；秦时望气者云：五百年后，金陵有天子气，始皇东巡以压之，改其地为秣陵。	1. "六朝古都"、十朝都会 2. 滨江近海、虎踞龙蟠 3. 秦淮风月

第一章　北京古都文化的内涵、定位及基本特征

续表

古都名称	建都时长及政权数量	空间优势及特征	品牌特征
安阳	建都时间409年。先后作为13个政权的首都，包括：颛顼、帝喾（初年）、夏（后期）、商（中后期）、战国卫、战国赵（初期）、后赵、冉魏、前燕、南燕（1年）、东魏、北齐12个政权的首都及曹魏政权的陪都。在王朝"正朔"体系中，为四朝（夏、商、东魏、北齐）古都。	位于华北晋、冀、豫交汇处，东、南、北三面地势开阔，气候适宜	中原古郡，七朝畿辅。"洹水安阳名不虚，三千年前是帝都。"
郑州	建都时间381年。建都或迁都至此的政权共5个：黄帝、夏（初年）、商（早中期）、战国郑、战国韩（中后期）。在王朝"正朔"体系中，为两朝（夏、商）古都。	位于所谓"三河"之地的河南，即晋豫黄河以南、贾鲁河以西的广大地方。地形以黄土台原为主，多中等的台地、冈原，短促河流多，适合早期文明生长；位置居中，交通发达。	"天地之中"，华夏文明起源中心地，历史文脉纵贯古今

续表

古都名称	建都时长及政权数量	空间优势及特征	品牌特征
杭州	建都209年。建都或迁都至此的政权2个：吴越、南宋。在王朝"正朔"体系中，为一朝（南宋）古都。	"东南广输，山海雄甸，拱卫名州，绣错大县，龙飞凤舞，牛斗隐现，左江右湖，汇此形便。"（民国《杭州府志》卷三，民国十一年本）	1. 东南名郡 2. 南朝帝都 3. 人间天堂

古都文化主要指北京在辽、金、元、明、清时期作为全国的中心区域及对外交往与交流中枢所创造的，代表中华文化特质和当时文化发展最高水平、并积淀传承至今的文化结构、文化要素和精神气质。

在新时代中国特色社会主义的语境下，对北京"古都文化"的内涵与特征进行深入解读，并探索科学有效的发展思路，不仅有助于进一步丰富和拓展关于古都文化以及北京历史文化的研究，具有很强的学术意义；更有助于针对性地解决首都文化发展和全国文化中心建设面临的迫切问题，具有极强的现实意义。

第三节　北京古都文化的基本特征

北京古都文化是一个以皇权为中心，以建筑及空间为基本形态,将城市发展与政治形态、经济需求、文化属性和社会生态相耦合的有机系统。

赵园先生在《城与人》一书中有这样一段话:"如果说有哪一个城市,由于深厚的历史原因,本身即拥有一种精神品质,能施加无形然而重大的影响于居住、一度居住以至过往的人们的,这就是北京。北京属于那种城市,它使人强烈地感受到它的文化吸引——正是那种浑然一体不能辨析不易描述的感受,那种只能以'情调''氛围'等等来做笼统描述的感受——从而全身心地体验到它无所不在的魅力:它亲切地鼓励审美创造,不但经由自身的文化蕴蓄塑造出富于美感的心灵,而且自身俨若有着'心灵',对于创造者以其'心灵'来感应和召唤;它永远古老而又恒久新鲜,同时是历史又是现实,有无穷的历史容量且不乏生机,诱使人们探究,却又永远无望穷尽。"这段话准确传神地概括了北京古都文化的独特性:它既是有形的,更是无形的;既是宏大的,更是细致入微的;既是古老的,更是新鲜的;既浸润着居住于其中的人们,更让离开的人梦绕魂牵。

如果让一个老北京人用一个词概括自己这座城市的特点,很多人会用"局气"两个字;如果让一个北京的"新市民"评价这座城市,"大气"可能是认同感最高的词。"局气"代表了对一个人人品和办事风格的赞赏。而大气则指向一种格局、"气局"。何谓"局"?何谓"气"?何谓"气局"?何谓"局气"?理解了这两个字,你对北京的人、景、物、过去、现在、未来也就有了更多的理解和感悟。

所谓"气",源于传统都城文化中所谓的"王气"。何谓"王气"?"王气乃为天、为皇、为帝、为王、为太岁、为月建、为斗冈、为青龙、为大德、为盛兴、为帝王、为无上王、为生成主。是故王气所处,万物莫不归王之。"①"帝王气,其内赤外黄,或赤云如龙,若有游幸处,其地先见此云雾。或如城门隐,或如千石仓,皆常带杀气,森森然如华盖,或加五色。多在晨昏见,则如山镇或如高楼,又如青衣人垂首在日西,又如龟凤大人有五色,又营上气如龙马或杂色,郁郁冲天,其气多上达于天,以旺相日见"。②对"气"的重视体现的其实是中国哲学的一个古老命题即关于天、地、人三者关系的思考,这一命题始终渗透在人们对于古都文化的塑造当中。

北京文化的"气"可视为其气势、气象、气韵,它首先来源于深厚的人文积淀,朝纲典制衣冠威仪,既是首都之"气"氤氲的外在形态,更是其精神气韵的突出表现。而"局"主要指布局、格局和全局。

"局气"乃北京方言,其含义,非生活在北京之人不能道也。它包含了为人仗义,说话办事守规矩不要赖,

---

① 《太平经》钞戊部卷五,明正统道藏本。
② 《灵台秘苑》卷四气,清文渊阁四库全书本。

与人共事时既不怕自己吃亏，也绝不欺负别人，等等。"气局"则有多层含义：一是形容人的视野和心胸。如《陈书》评价徐孝穆"气局深远，清简寡欲，为一代文宗"①。二是形容诗文的气势和眼界。如陆时雍评杜甫的《石龛》一诗"气局最宽，语致最简"②，陈著论台州史药房同知孝祥"阁下以气局吞吐江湖，以精神裁减冰玉"，③宋晁补之《鸡肋集》谓"惟明公有体有用，有德有言，以大家声萃众美之长，以全气局"，④而袁枚在《随园诗话》中的一句话最能体现北京古都文化的"气局"特质："士君子读破万卷，又必须登庙堂，览山川，结交海内名流，然后气局见解，自然扩大。"

可见，北京文化既地域特色鲜明，"局气"、豁亮；又最具中华文化风范，"气局"宏大。作为北方都城的代表，北京文化与南方文化的气度截然不同，诚如梁启超所言："历代帝王定鼎，其在黄河流域者，最占多数，固由所蕴所受使然，亦由对于北狄，取保守之势，非据北方而不足为以拒也，而其据于此者，为外界之现象，所风动所熏染，其规模常宏远，其局势常壮阔，其气魄常磅礴英鸷，有俊鹘击云横绝朔漠之势。"而"建都于扬子江流域者，除明太祖外，大率皆创业未就，或败亡之

---

① 《玉台新咏笺注》卷八，清乾隆三十九年刻本。
② 《杜诗详注》卷八，清文渊阁四库全书本。
③ 《本堂集》卷八十，清文渊阁四库全书补配清文渊阁四库全书本。
④ 《与雪楼程公书》，《鸡肋集》，清刻本。

余,苟安旦夕者也。为其外界现象所风动所熏染,其规模常绮丽,其局势常清隐,其气魄常文弱,有月明画舫缓歌曼舞之观。"①

晚清西人想象中的北京城(1858年绘制)

作为古都文化集大成的标志,北京文化的气局亦为其他古都所不及。北京建都期间,中国疆域面积及影响力均超迈前代。元朝强盛之际,总面积逾1200万平方公里,大大超迈前代。如《元史》所载:"自封建变为郡县,有天下者,汉、隋、唐、宋为盛,然幅员之广,咸

---

① 梁启超:《中国地理大势论》,《饮冰室合集》文集,第四册,中华书局2013年版,第81页。

第一章 北京古都文化的内涵、定位及基本特征

不逮元。汉梗于北狄，隋不能服东夷，唐患在西戎，宋患常在西北。若元，则起朔漠，并西域，平西夏，灭女真，臣高丽，定南诏，遂下江南，而天下为一。故其地北踰阴山，西及流沙，东尽辽左，南越海表。盖汉东西九千三百二里，南北一万三千三百六十八里，唐东西九千五百一十一里，南北一万六千九百一十八里，元东南所至不下汉、唐，而西北则过之，有难以里数限老矣。"① 而其"京城右拥太行，左挹沧海，枕居庸，奠朔方，城方六十里。""户一十四万七千五百九十，口四十万一千三百五十。"② "元有天下，薄海内外，人迹所及，皆置驿传，使驿往来，如行国中。"③ 清代后期疆域范围与元相近。而如此疆域规模既满足了大一统的迫切需要，又是大一统发展的体现和结果。

基于其"局气"的个性和宏阔的气局，北京古都文化特色鲜明，刚柔并济，体现出中正庄严的"首善"气派，雍容博大的帝都气质，崇文厚德的人文传统及协和万邦的天下情怀。

---

① （明）宋濂等撰：《元史》志第十，地理一，中华书局1976年版，第1345页。
② 同上，第1347页。
③ （明）宋濂等撰：《元史》志第十五，地理六，中华书局1976年版，第1563页。

1. 中正庄严的"首善"气派

作为五朝帝都和当今全国的首都，北京文化具有强烈的国家、民族的正统意识。不仅在中国，而且在世界上恐怕没有哪座城市比北京寄托了更多的国家情怀和民族责任。北京的建筑生态体现了压倒一切的中心观念。在建筑格局上，北京依据"天人合一，法天而治，象天设都"的传统都城规划理念，遵循辨正方位、讲求对称、突出中心的原则，"图皇基于亿载，度宏规而大起。"[1] 集中体现了"普天之下，唯我独尊"的主题思想，显示出等级鲜明、井然有序的礼制。明、清故宫更是代表着帝王的权威，成为我国古代一处既具实用性，又有极强象征意义的礼制建筑群。北京古城以一条子午线即中轴线纵贯南北，皇宫位于全城的中心。中轴线以永定门为起点，经正阳门、天安门、午门、端门、乾清宫、万春亭、鼓楼，直至钟楼，"一根长达八公里，全世界最长，也最伟大的南北中轴线穿过了全城。北京独有的壮美秩序就由这条中轴的建立而产生。前后起伏左右对称的体形或空间的分配都是以这中轴为依据的"[2]。

---

[1] 班固：《两都赋》
[2] 梁思成、林徽因：《北京——都市计划中的无比杰作》，林徽因：《爱上一座城》，北京理工大学出版社2016年版，第36页；梁思成著、林洙编：《拙匠随笔》，北京出版集团公司北京出版社2016年版，第206—207页。

俯瞰整座城市，"城墙"成为北京城市布局中一个框架性的元素，从皇宫到皇城，从皇城到都城，从内城到外城，形成了逐次展开、互相呼应、界线分明、整饬有序的城市格局。城的四周又筑有天、地、日、月四坛，宫城俨然成为宇宙的中心。即使是皇家流连休闲的苑囿，如宫城的御花园、皇城的太液池、内城的坛庙园林，近郊的三山五园也都布局有致，呼应相连。古都北京正是这样以宫城为中心，以贯穿南北的中轴线为基准，把庞大复杂的城市要素组织成一个整体，"威天下，朝四夷"，方正不偏，庄重威严。北京 2008 年申奥成功后，中轴线再次向北延长 4 公里，直达奥林匹克公园绿色丛林中的仰山，体现天人合一的和谐境界。中华人民共和国成立之后形成的以"神州第一街"长安街为中心的东西轴线与南北中轴线相互映衬，形成了北京特有的城市结构中枢系统，也铸就了首都文化中正庄严的物质形态。欧洲城市建筑学家丹麦人 S. F. Rasmussen 如此感叹："北京——历史悠久的中国都城，可曾有过一个完整的城市规划的先例比它更庄严，更辉煌的吗？""整个北京城，乃是世界的奇观之一，它的平面布局匀称而明朗，是一个卓越的纪念物，一个伟大文明的顶峰。"[①] 在中心观念的主导下，北京形成了由宫城、皇城、内城和外城层层

---

① S. F. Rasmussen：《城市与建筑》，转引自侯仁之：《论北京旧城的改造》，《北京城的生命印记》，生活·读书·新知三联书店 2009 年版，第 268 页。

拱卫，以街巷为骨架，以坊为单元，以胡同为纽带的经平纬直、方正规整的棋盘式街巷胡同格局。而在环绕中心、方正规整的城市中，居民日常文化生态也自然呈现出不偏不倚、井然有序的市井特征。

2. 雍容博大的帝都气质

北京直到今天还常常被称为"帝都"。作为帝都文化的集中体现，北京古都文化具有从容大气、雍容华贵的气质，她是城市文化、都城文化中的"贵族"。其无与伦比的恢宏壮丽、金碧辉煌的皇家建筑，是这种气质、气派最直观的体现。人们常说，北京最大的特点是大。从古都文化的角度看，这不仅是规模意义上的，而是《老子》所谓"大方无隅，大器晚成，大音希声，大象无形"，是一种"有容乃大"。在悠久的历史中，古都北京以高远博大的胸怀承载、吸引、融汇、萃取、发展各方文化，形成兼容并蓄、多元一体、包罗万象的自身文化。无论在文化的规模、结构、种类、高度、精度上，其他城市都不可比拟。辽、金、元、明、清五代，北京作为帝都所在，长城内外，珠江黑水，四域八方，各种精萃咸集京师。元代黄文仲《大都赋》云："华区锦市，聚四海之珍异；歌棚舞榭，选九州之秋芬。招提拟乎宸居，廛肆至于宫门。酤户何泰哉，扁斗大之金字；富民何奢哉，服龙盘之绣纹。奴隶杂处而无辨，王侯并驱而不分。屠千首以终朝，酿万石而一旬。复有降蛇搏虎之技，扰禽藏马之戏，驱鬼役神之术，谈天论地之艺，皆能以蛊人之心而荡人之魂。是故猛火烈山车之轰也，怒风搏潮市之声也，长云偃道马之尘也，殷雷动地鼓之鸣也，繁庶之极，莫得而名也。若乃城闉之外，则文明为舳舻之津，丽正为衣冠之海，顺城则为南商之薮，平则为西贾之派。天生地产，鬼宝神爱，人造物化，山奇海怪，不求而自至，不集而自萃。"这些雍容华丽的文字，反映的只是北京古都文化气象之万一。无怪乎13世纪，意大利人马可·波罗初至大都，即被这个城市的繁华所深深震慑，不禁慨叹其"宫殿之大，前所未闻"，各种建筑"巧夺天工，登峰造极"，艺术作品"金碧辉煌，琳琅满目"，"凡世界上最为稀奇珍贵的东西，都能在这座城市找到"，"出售商品之多，是世界上任何城市所不能相比的"。时至今日，在"一城三带"的格局中，古都文化呈现为收藏在博物馆里的文物，陈列在广阔大地上的遗产，书写在浩瀚古籍里的文字，体现于广大市民的言行……无论是器物上的庄重华贵，还是精神上的典雅大气，都彰显出首都文化的博大内涵与非凡气宇。

3. 崇文厚德的人文传统

作为古代全国政治中心，建都、定都北京的历代帝王都尊崇儒家思想，强调以文教化。中央政府在这里设置国子监等大量文化机构，组织殿试等系列文化活动，京师与全国各地以及其他国家、地区之间都有着多样的文化联系与交流，北京成为人才渊薮和文化津梁，形成崇尚人文的传统和"郁郁乎文哉"的气象。辽、金入主北京，均吸收和继承汉族先进文化，元、清驻北京而雄霸天下，更是自觉学习汉文化，特别是元代这样一个以种族之复杂、族群歧视之强烈、文化差异之巨大而著称的王朝，居于优越地位的蒙古、色目子弟也纷纷"弃弓马而就诗书"，以仲尼之徒自居，以儒家伦理作为行为规范。正是因为历朝历代对人文的高度崇尚，人文传世经典在北京迭出不绝，例如元曲、明清小说把古代文学推向巅峰，《永乐大典》、《四库全书》囊括古代所有典籍，等等，使得北京成为封建时代全国文化之集大成者。3000年来北京独特的历史积淀和自觉追求，也孕育了北京古都文化厚德的重要品格。"地势坤，君子以厚德载物。"北京这座古都以厚德容载万众、万象、万事、万物，即便是山川草木、道路桥梁、宫阙楼台，无不是"丽正之所包罗"，"崇仁之所联络"、"和义之所纲维"、"安贞健德之所囊括"。① 这座古都里的人们"敦厚以崇礼"，做人德为上，做事德为先。德泽育人、容载万物，最终凝结为北京古都文化的重要基因，首善之区也就成为千百年来人们对首都北京独一无二的历史定位与期许。"忠厚传家久，诗书继世长"是老北京最常见的对联，

---

① 李洧孙：《大都赋》，《日下旧闻考》卷三十八，清文渊阁四库全书本。

很形象地反映了北京崇文厚德的古都文化。

4. 协和宁远的天下情怀

北京位于东北平原、蒙古高原、华北平原三个不同自然地理单元的交汇部，处在农耕文明和游牧文明的交汇处和东北、西北、西南几条古代大道的交汇点，所谓"北倚山险，南压区夏，若坐堂皇，而俯视庭宇也"[1]。北京的统治者一方面承续华夏民族的王朝正统，另一方面秉持"克明俊德，以亲九族。九族既睦，平章百姓，百姓昭明，协和万邦，黎民于变时雍"[2]的古训，形成一种包容、和睦的文化形态。北京作为五朝帝都，有四个朝代是少数民族建立的王朝，但无论是汉族作为统治者还是少数民族作为统治者，都很注意处理民族关系。汉民族在生产生活中大量吸收少数民族文化，少数民族统治者也非常重视学习、吸收汉文化，共同营造和奠定了民族和谐相处的基础。北京历朝历代总体上以开放、讲信修睦的态度对待世界交往，致力于构建和平、合作的天下秩序。辽王朝即与大食等诸国建立了密切的联系，牛街清真寺就是伊斯兰教及其建筑艺术传入后与辽朝建筑融合的范例。13世纪以来，高丽、日本、安南、缅甸、暹罗、印度、锡兰等东南亚诸国与大都联系紧密，

---

[1] 顾祖禹：《读史方舆纪要》卷十一，清稿本。
[2] 《尚书》卷一，尧典第一虞书，四部丛刊景宋本。

大批中亚乃至欧洲人来到北京。十六七世纪，北京更成为中西文化交流的前沿。晚清至民国时期，随着北京的外国人及留学欧美、日本的新兴知识分子迅速增多，西方的服饰、饮食文化及思想观念与北京文化发生深入而深刻的交融。汉文化与少数民族文化的交融，中西文化的交汇，传统文化与现代文化的会通，为北京协和天下、长治久安的文化特色注入了更为丰富的内涵。

习近平总书记在考察北京时指出："北京历史文化是中华文明源远流长的伟大见证。"其实不只历史文化，首都文化的各个方面都氤氲着中华文明的气息，承载着中华民族的追求，镌刻着中华文化的独特印记。作为一座有着千年建都史的历史文化名城，北京极大地推动了中华文明的发展和辐射，体现了中华民族深厚的文化底蕴，彰显着大国首都的文化自信；作为一座具有光荣革命传统和红色文化基因的近现代英雄之城、革命之城和红色之城，北京主导和参与了中华民族从历尽屈辱到走向伟大复兴的奋斗历程，浇铸了中国人民的革命精神，引领了中国特色、首都风范的先进文化；作为一座多元文化交融之城，北京沟通了各民族之间及中外之间的文化交流，熔铸了开放、包容、大气、生机勃勃的京腔、京韵与京味，造就了天南地北的人们对这一"精神故乡"挥之不去的归属感与依恋感；作为一座教育、科技、人才、企业、市场渠道等最为富集的创新之城，北京形成了中国特色的理念、制度与环境动态协调的创新生态系统，呈现出自然与人文交相辉映，科技与文化融为一体的创新文化景观。

古都文化与红色文化、京味文化、创新文化相辅相成、有机统一，共同塑造着北京的首都风范、古都风韵和时代风貌，构成了首都独特的精神标识。古都文化汇融天下、胸怀天下、领袖天下，赋予了首都文化独一无二的传承传统文化、吸纳新文化的魄力及统揽全局的能力，这是其红色文化诞生、发展的重要基础和土壤。正是在古都文化的熏染下，京城独特的"一方水土"孕育了鲜活的京味文化。古都文化的智慧、气度、资源也为北京了解世界风云变幻和世界发展趋势，引领创新潮流孕育了先机。

需要指出的是，古都文化不仅是首都文化的一个有机组成部分，它的发展更与各个时期首都政治生态、经济状况、思想文化等诸领域相互动，与内外环境相呼应。它是建筑与人的和谐统一，是艺术与生活的交相辉映，是理想与现实的不断汇合。沈湘平认为，城市是一个"复杂的巨系统"，在城市发展中，融合了人们对城与乡、天与地、古与今、中与西、虚与实等多重关系的思考。[①] 都城文化作为城市文化的最高体现，是世界城市文化发展的中心坐标，也是人们关于城市思考的原点和归宿。

[①] 沈湘平：《要在复杂巨系统中思考城市发展问题》，《中国文化报》2018年6月8日。

第二章　源远流长的文化轨迹

北京文化源远流长。早在70万年前，今北京地区即留下了人类文明的足迹。北京周口店遗址是世界范围内更新世古人类遗址中内涵最丰富、材料最齐全和最有科研价值的一个，是唯一保存了纵贯70万年的史前人类活动遗迹的遗址。[①] 北京王府井大街东方广场底下有一座"北京王府井古人类文化遗址博物馆"，这是1996年考古学家在王府井大街南部东侧广场工地发现的，由此可以断定，距今约2.4万年2.5万年左右，古人类已从山顶洞穴走向平原生活。1930年考古工作者又发现了距今约1.8万年前的山顶洞人遗址，在这里不仅出土了石器、骨角器和穿孔饰物等中国迄今所知最早的埋葬品，而且发掘出鲩鱼、鲤科的大胸椎和尾椎化石，这说明山顶洞人的生产活动范围已扩大至水域。后来，又陆续在北京

---

① 高星：《周口店北京人遗址》，北京美术摄影出版社2004年版，第27页。

第二章 源远流长的文化轨迹

范围内发现东胡林人（门头沟）、上宅人和北埝头人（平谷）、雪山人（昌平）等古人类生活的遗址。可见，早在远古时期，今北京地区已成为早期人类生生不息、不断繁衍壮大的重要生存地。

先秦时期，北京地区成为华夏民族生存的核心区域之一。据载："昔黄帝与蚩尤战于涿鹿之野，戮其元凶，四海攸同。然后合符釜山，而为天子。建都涿鹿之阿，以兵为营卫。即今京师地。"后尧分天下为九州，"建都于冀。燕，冀地也。"[①] 从文献来看，北京正式建城的历史，至少可追溯至商代，迄今已3000多年。《礼记·乐记》载："武王克殷反商，未及下车而封黄帝之后于蓟（今广安门一带）。"蓟据说得名于蓟丘，另一说与此地生长的植物——大蓟有关。同时还封了另一个诸侯国"燕"（今房山琉璃河），《史记·燕召公世家》载："周武王之灭纣，封召公于北燕。"

北京建都的历史也已上千年。916年，辽太宗耶律德光升幽州为南京，又称燕京，立为陪都。金朝继起，金海陵王完颜亮于贞元元年即1153年将其首都从女真族根据地上京会宁府（今黑龙江阿城）迁至燕京，改称中都大兴府。1214年，金为避蒙古兵迁都开封，但金元之际北京仍被称为燕京。1264年，元世祖忽必烈颁诏以燕京为中都，作为陪都。1272年，忽必烈定国号为"大

---

① 孙承泽：《天府广记》卷一，清抄本。

元",从上都迁都于中都,改称"大都",蒙古文称为"汗八里"(Khanbaliq),意为"大汗之居处",北京从此成为统一多民族封建国家的政治中心。明初北京称北平府,为燕王朱棣驻地,朱棣发动靖难之役后,于1403年改北平府为顺天府,建为北京,北京之名始于此。永乐四年(1406年),朱棣下诏迁都北京,并决定营建北京宫殿,1421年,规模宏大的紫禁城建成,明朝正式迁都北京。1644年以后的清朝,1912年之后的中华民国,皆因仍不改。直到1928年,北伐军进入北京,才暂时结束其作为旧首都的历史,改称北平。1949年9月,中国人民政治协商会议第一届全体会议通过《关于中华人民共和国国都、纪年、国歌、国旗的决议》,北平更名为北京。1949年10月1日,中华人民共和国中央人民政府在北京宣告成立。自此,北京一直作为我国首都。

在3000年建城史,1000年建都史的漫长演进中,北京文化也不断积蓄、传承、壮大,从边缘到中心,从支流到主流,最终成为中华文化的集大成者。优越的地理环境赋予了北京中华文明的先机,悠远的古都历史造就了北京厚重的文化积淀。在古都文化中,以五朝帝都为载体形成的帝都文化是其主体。举凡物质文化方面的城池宫殿、坛庙园林、衙署寺观、河渠道路乃至衣着发式、饮食、舟车等,精神文化方面的思想观念、典章制度、语言文字、文学艺术、民风习俗等,琳琅满目,无不具有帝都气象,致广大而尽精微。丰富的历史文化遗产是老北京的历史记忆所在,也是今天北京的一张"金名片"。其中,"一城三带",即老城区和大运河文化带、长城文化带、西山永定河文化带,是承载古都文化的重点,集中体现着北京的古都风韵。

北京之古都风韵,一脉相承,浸透了北京的一草一木,浸润在每一个北京人的骨髓里。现代作家老向说:"北平好像一棵千年的老树,百千万的市民比作一个个的蚀木虫儿;树即使被钻透了,成了空壳,但是每个小虫所尝到的只是机会所赋予他的某一枝干上的某一小点儿。至于根干的形态,脉络的关联,以及栽植的岁月,营养的来源,那就不是一个小虫儿所能了解的了。"即使在现代化的视野下,对于北京的解读也绝对绕不开其历史的想象:"如果说上海的现代意义来自于其无中生有的都会奇观,以及近代西方文明交错的影响,北京的现代意义则来自于它所积淀、并列的历史想像与律动。"[1]

第一节 俯视庭宇:古都文化发展的天然优势

城市是在自然环境中生成的,城市的发展首先取决于自然条件的赋予。朱耀廷先生认为,中国古代定都的

---

[1] 陈平原、王德威:《北京:都市想像与文化记忆》序二,北京大学出版社2005年版。

最佳原则为"险、富、美、便",即军事上固若金汤,经济上富甲天下,地形环境上山川秀丽,交通上四通八达。而这主要基于首都的四项基本功能,即治民、卫国、卫民、富民、利民、教民。[①] 这主要是从"地利"的角度而言的。如以中国传统的文化观来考量,"天时""地利""人和"缺一不可。在风水学看来,北京"上得天时,下得地势,中得人心",条件之优越,舍此无他。

太行自西来,演迤而北,绵亘魏、晋、燕、赵之境,东而极于医无闾。重岗迭阜,鸾凤峙而蛟龙走,所以拥护而围绕之者,不知其几千万里也。形势全,风气密,堪舆家所谓藏风聚气者,兹地实有之。其东一带则汪洋大海,稍北乃古碣石,稍南则九河既道所归宿之地,浴日月而浸乾坤,所以界之者又如此其直截而广大也。况居直北之地,上应天垣之紫微,其对面之案,以地势度之,则泰岱万山之宗正当其前也。夫天之象以北为极,则地之势亦当以北为极。易曰:艮者东北之卦也,万物之所以成终而成始也。艮为山,水为地之津液,而委于海。天下万山皆戍于北,天下万水皆宗于东。于此乎建都,是为万物所以成终成始之地,自古所未有也。

---

① 朱耀廷:《定都与迁都——中国七大古都比较研究之一》,《北京联合大学学报(人文社会科学版)》2003年第1期。

前乎元而为宋，宋都于汴。前乎宋而为唐，唐都于秦。在唐之前则两汉也，前都秦而后雒，然皆非冀州境也。虽曰宅中图治，道里适均，而天下郡国乃皆背之而不面焉者。孔子曰：为政以德，譬如北辰，居其所而众星共之。易曰：离，万物皆相见，南方之卦也。圣人南面而听天下，向明而治。夫以北辰为天之枢，居微垣之中，而受众星之所向，则在乎南焉。今日京师居乎艮位，成始成终之地。介乎震坎之间，出乎震而劳乎坎，以受万物之所归。体乎北极之尊，向乎离明之光，使夫万方之广，亿兆之多，莫不面焉以相见。则凡舟车所至，人力所通者，无不在于照临之中。自古建都之地，上得天时，下得地势，中得人心，未有过此者也。[1]

1. 天时地利，物产丰饶

"城市是人类作用于地理环境的集中点，是人类群体活动于地理环境最强烈、最敏感的地区。"[2] 从一定意义上来说，北京城市发展史就是生活在北京的人们与自然环境和谐发展的历史。北京所处的位置，天时地利，水甘土厚，气候适宜，物产丰饶，奠定了其建城的基础。

---

[1] 于敏中等编纂：《日下旧闻考》卷五，北京古籍出版社1983年版，第82页。

[2] 于希贤：《〈周易〉象数与元大都规划布局》，《故宫博物院院刊》1999年第2期。

一占天文之吉："北斗七星，是谓帝车，运乎中央而临制四方。六曰开阳，亦曰应星，主木主燕"，"燕地箕尾之分野也"，而尾箕星又名析木，"析木之津"即天河，居箕斗二星之间，"箕在东方木位，斗在北方水位。分析水木，以箕星为隔，隔河须津梁以渡"，可见其独特的天文优势。北京辽时称"析津"，即得名于此。按照《周礼·考工记》记载："匠人营国，水地以县，置槷以县，眡以景，为规，识日出之景与日入之景，昼参诸日中之景，夜考之极星，以正朝夕。"① 可见，中国自古筑城定位即以北极星为参考，北极星被认为乃宇宙之中心，北京仰观北斗，在天文意义上乃是不二之宝地。

二拥地势之胜："是邦之地，左环沧海，右拥太行，北枕居庸，南襟河济，形胜甲于天下，诚天府之国也。""冀都山脉从云中发来。前则黄河环绕，泰山耸左为龙，华山耸右为虎。嵩为前案，淮南诸山为第二重案，江南五岭诸山为第三重案……所谓无风以散之，有水以界之也。"② 于敏中也概括北京所处地理环境之奇绝曰："神皋形胜，天府膏腴，扼四塞以居中，处上游而驭远，郁钟王气，龙盘凤舞之祥；俯视侯封，棋布星罗之势。万斛转东南之粟，财赋遥输；九关控西北之边，威棱远詟。右太行而左碣石，前沧海而后居庸，固已雄视秦州，基

---

① 《周礼》冬官考工记第六，卷十二，四部丛刊明翻宋岳氏本。
② 吴长元：《宸垣识略》卷一，北京古籍出版社1983年版，第1—3页。

第二章　源远流长的文化轨迹

恢洛邑，千百国朝宗之盛。"①

三具物产之饶。北京处于北纬 40 度左右，这一纬度上大部分为世界上最美丽、最富饶的地区。纵向来看，适居北陲重镇漠河与南海巨港海口之中心点。地形上来看，它位于华北大平原的西北隅与太行山北端、燕山西端的交接部。东面距海仅 150 公里。西、北、东北太行山脉、军都山、燕山三面环抱。燕山山脉与军都山交汇于西北，形成一个向东南展开的半圆形大海湾，俗称"北京湾"，其所围绕的小平原即为北京小平原。环山怀抱之中，永定河、潮白河、温榆河、拒马河、大石河等蜿蜒而过，北京小平原即处于诸河冲积扇上。土壤肥沃，灌溉便利，自然灾害少，适于农耕。

气候的适宜也为北京地区农业的发展提供了有利条件。北京所处的气候带，约在 400 毫米等降水线上，对这条等降水线之于中国特别是北京的意义，黄仁宇一语中的。他指出，15 英寸（约 380 毫米，笔者注）等降水线从中国东北向西南，当中的一段与长城大致符合。线之东南，农业茂盛，人口繁殖；线之西及北，以游牧为生。②

早在《史记》中即称燕地为"天府"，谓其"东有

---

① 于敏中等编纂：《日下旧闻考》表文，北京古籍出版社 1983 年版，第 11 页。

② 黄仁宇：《中国大历史》，生活·读书·新知三联书店 1997 年版，第 25 页。

北京青龙桥车站（1909年）

朝鲜、辽东，北有林胡、楼烦，西有云中、九原，南有滹沱、易水，民虽不佃作而足于枣栗"。于敏中等《日下旧闻考》加按语："国策谓燕地民不佃作者，此盖举当时风俗言之，迨其后耕垦相望，地无遗利。今则皇居建极，封畿内外数千里皆成沃壤。"①

---

① 于敏中等编纂：《日下旧闻考》卷五，北京古籍出版社1983年版，第68页。

2. "厎山带海,有金汤之固"

北京地势险要,"厎山带海,有金汤之固",[①] 奠定了其作为军事重镇的基础。北京周围,群关环拱,地势险要,易守难攻。"燕山之地,易州西北乃金坡关,昌平之西乃居庸关,顺州之北乃古北关,景州东北乃松亭关,平州之东乃榆关,榆关之东乃金人之来路,凡此数关盖天所以限蕃汉也。一夫守之,可以当百,朝廷之制地若得诸关,则燕山之境可保矣。"[②] 从历史上来看,为防止和抵御北方游牧民族的侵扰,北京有很长的时间是作为军事重镇而存在。自秦在今北京境内置上谷、渔阳、广阳三郡之后,一直到唐末,面对北方少数民族侵扰,北京一直作为军事重镇,发挥着藩卫中原的重要作用。唐代贾至《燕歌行》中就有"国之重镇惟幽都,东威九夷北制胡"这样的诗句。而幽燕一失,北方门户洞开,中原政权危在旦夕。因此,宋代李清臣《议戎策》认为,石敬瑭割燕(幽)云十六州给辽,直接导致了宋在与辽对峙中力量强弱的根本逆转。

燕古为濒山多马之国,其土莽平,宜畜牧耕稼,

[①] 于敏中等编纂:《日下旧闻考》卷五,北京古籍出版社1983年版,第83页。

[②] 马端临:《文献通考》卷三一五,舆地考一,清浙江书局本。

其民翘健，便弓矢，习骑射，乐斗轻死。战国时为燕，唐为范阳节度。夫燕，一国也；范阳，一镇也；以一国之力，独立几八百年，遂与周室终始，是其力足以捍边围也。范阳一镇之地，宿兵不满数万，而奚、辽不能辄苦赵、魏、沧、景者，其力足以制之也。今以天下之力而不胜其劳敝，以天下之地而憛憛常为忧，其故何也？燕国有朝鲜、辽东、云中、九原、楼烦、易水以为之塞，范阳有卢龙、古北、松亭、狐门之要以为之守。用力少而塞之易，此其能以一国一镇截然中立而不惧也。自石晋割幽、蓟、檀、顺、妫、儒、武、应、寰、朔、涿、蔚赂戎以市天下，而营、平、易亦陷于辽。阻固厄塞，我皆失之，而划沧、霸、瓦桥、信安、安肃、广信、保定、常山、忻、岢岚、火山、宁化千里平广之地以为界，戎马驰突，去来如股掌之上，此天下之所以不胜劳敝而憛憛常为忧也。①

梁襄在建议金世宗定都于燕的上疏中也提及："亡辽虽小，止以得燕，故能控制南北，坐致宋币。"②

---

① 于敏中等编纂：《日下旧闻考》卷五，北京古籍出版社1983年版，第70—71页。

② 同上书，卷五，第75页。

3. 自然门户，人文枢纽

"民族格局似乎总是反映着地理的生态结构"[1]，反过来，某一区域的地理特点又往往决定了它在民族格局形成中的地位。北京位于东北平原、蒙古高原、华北平原三个不同自然地理单元的交汇部，处在农耕文明和游牧文明的交汇处和东北、西北、西南几条古代大道的交汇点，"四方万国，道里适均"，[2] "北倚山险，南压区夏，若坐堂皇，而俯视庭宇也。"[3] 在北京小平原西南，沿太行山东麓可通向华北大平原；向东北经过古北口，可通向松辽大平原；西北方向则可通过南口的居庸关、八达岭，通往蒙古大高原。所谓"燕之涿蓟，赵之邯郸，魏之温轵，韩之荥阳……三川之二周，富冠海内，皆为天下名都，非有助之耕其野而田其地者也，居五诸侯之衢，跨街冲之路也。"[4]

长城一线既作为农耕文明与游牧文明的分界线，也作为农耕民族与游牧民族的融合带，长期扮演着民族纽带的作用。长城本身就是民族融合的产物，长城上的一

---

[1] 费孝通：《中华民族多元一体格局》，中央民族学院出版社1989年版，第2页。

[2] 于敏中等编纂：《日下旧闻考》卷四，北京古籍出版社1983年版，第66页。

[3] 于敏中等：《钦定日下旧闻考》卷五，清文渊阁四库全书本。

[4] 桓宽：《盐铁论》，天津古籍出版社1963年版。

些关口、隘口最初源于两侧农耕民族与农牧民族经济贸易发展和文化交流的需要。因此，它不仅是一道军事阻隔的城墙，更是一条经济文化连通的走廊。正如冯天瑜先生认为，"与其说长城是中国古代若干王朝的北部边界，勿宁说是中华文化圈内农耕与游牧这两大部类文明形态的分界线"①。"秦汉至五代，北京成了北方重镇，长城内外中华各民族儿女以这里为中心，时而金戈铁马、叱咤风云，时而百年合好、马放南山，谱写出一卷民族交融，社会发展的绚丽历史华章。"②辽以后，随着北京从陪都，到北方政权的首都，再到统一的中央政权的首都，长城的重要性日益突出，其"人文枢纽"的符号意义也日益凸显。

第二节 体国经野：
北京行政地位的上升及其文化影响

今天所谓"行政区划"的概念最早来自《周礼·天官·序官》："惟王建国，辨方正位，体国经野，设官分职，以为民极。""国"即国都，"野"即田野。"体国经野"即划分都城区域，由官宦贵族分别治理。行政区域与地理区域、人文区域既有区别，又相互联系：一方

---

① 冯天瑜：《长城的文化意义》，《湖北社会科学》1990年第10期。
② 罗哲文、李江树编著，阿榕、兆瑞臻、卢水淹、张米香译：《老北京》，河北教育出版社2007年版，第1页。

第二章 源远流长的文化轨迹

面,区域本身是地理学的概念,行政区划之界限与范围,通常体现为地理上的四至八到,所以天然存在的地域差异就成为人们划分行政区划的基础,也可以说,行政区域是一种特殊的地理区域;另一方面,行政区域的划分毕竟是一种以"治民"为目的的政治行为,因此这一过程不仅会结合政治目的与行政管理的需要,也会体现统治者所尊崇的文化观念及各区域内长期形成的人文特征。因此,中国行政区划的产生与沿革,不仅体现了中国不同时期的行政管理特色,也呈现出华夏不同区域的自然景观与中华民族文化观念演进的区域性、时代性特色。

一般认为,中国行政区划的形成缘于中央集权制国家管理的需要,是统治者"分民而治"的策略和手段,因此秦代被视为中国行政区划的发轫期。但笔者认为,仅就"划区而治"的理念而言,中国的行政区划可远溯至先秦时期,"九州"与"五服"的出现可视为中国行政区划的萌芽。而就从那时起,今天的北京不仅进入了部落首领"划区而治"的视野,而且作为九州之首——冀州的一部分占据了非常重要的地位。

在中国行政区划的出现和发展嬗变中,今北京所在区域也始终占据非常重要的位置。自周武王封蓟、燕,北京成为中国王朝统治的一部分,行政地位逐步上升。至秦推行郡县制,于燕都蓟城新置广阳郡,北京成为中央集权国家的正式行政区划。随后历汉、晋、魏,一直属"幽州";迄隋罢州为郡,遂置涿郡;唐州、郡并称,

晚清西人绘制的中国地图

乃置幽州范阳郡；五代晋，割幽州在内的燕云十六州与契丹；契丹会同元年（938年），升幽州为南京；金海陵王迁都燕京，改号中都，北京开始成为中国的首都。元于金中都东北郊营建新城，曰大都；明初，改称元大都为北平，置北平府，永乐十九年（1421年）复迁都于此，改北平为北京；清挥师入关，亦定鼎北京，直至1928年民国政府南迁。此后20年，北京先后被称为北平特别市、北平市。1949年中华人民共和国成立后，北京重新成为首都。3000余年中，北京13次成为各类政权的都城。①

各个时期北京境内的行政区划如下：②

秦：广阳郡

西汉：幽州，所辖郡（国）与今北京市境相关者4：广阳国（领4县，其中蓟、广阳、阴乡3县在今北京境内）、上谷郡（领15县，其中军都、居庸、夷舆3县在今北京境内）、渔阳郡（领12县，其中渔阳、狐奴、安乐、路、犷平、平谷、犀7县在今北京境内）、涿郡（领29县，其中良乡在今北京境内）。另有一些县与今北京市境相涉。

东汉：幽州，所辖郡（国）与今北京市境相关者4：广阳郡（领5县，其中蓟、广阳、昌平、军都4县在今北京市境内）、上谷郡（领8县，其中居庸县在今北京市境内）、渔阳郡（领9县，其中渔阳、狐奴、潞、平谷、安乐、犷平、奚7县在今北京市境内）、涿郡（领7县，其中两县在今北京市境内）。

西晋：幽州，所辖郡（国）与今北京市境相关者5：燕国（领10县，其中蓟、昌平、军都、广阳、潞、安乐、狐奴7县在今北京市境内）、范阳国（领8县，其

---

① 分别为：蓟、燕、前燕、大燕、中燕、辽、金、元、明、大顺、清、民国初期、中华人民共和国的都城。

② 参见尹钧科：《北京郊区村落发展史》，北京大学出版社2001年版，第21—25页。北京市民政局、北京市测绘设计研究院编制：《北京市行政区划图志（1949年—2006年）》，中国旅游出版社2007年版，第5页。

中良乡县在今北京市境内）、上谷郡（领2县，其中居庸县在今北京市境内）以及北平郡、广宁郡（各有部分与今北京市境相涉）。

后魏：幽州，所辖郡与今北京市境相关者3：燕郡（领5县，其中蓟、广阳、良乡、军都4县在今北京市境内）、渔阳郡（领6县，其中潞、渔阳2县在今北京市境内）、范阳（所领涿、苌县与今北京市境相涉）。另有2州曾寄治幽州界内：安州，领密云（领密云、要阳、白檀3县）、广阳（领广兴、燕乐、方城3县）、安乐（领土垠、安市2县）3郡；东燕州，领平昌（领万言、昌平2县）、上谷（领平舒、居庸2县）、偏城（领广武、沃野2县）3郡。

隋：涿郡，领9县，其中蓟、良乡、潞、昌平4县在今北京市境内；安乐郡，领燕乐、密云2县，均在今北京市境内；渔阳郡，领无终县，部分在今北京市境内。

唐：属河北道，下辖郡县在今北京市境内的主要包括幽州范阳郡（领9县，其中蓟、幽都、潞、广平、良乡、昌平6县在今北京市境内）和檀州密云郡（领密云、燕乐，均在今北京市境内）。

辽：设南京道析津府，下辖6州11县。其中顺州（领怀柔县）、檀州（领密云、行唐2县）2州在今北京市境内。析津府直属11县中，析津、宛平、潞、昌平、良乡、玉河、阴7县在今北京市境内。另：今北京北部属中京道、西京道。

第二章 源远流长的文化轨迹

金：置中都路，辖大兴府（领10县，其中大兴、宛平、良乡、昌平、阴5县在今北京市境内）和9刺史州，其中4州与今北京市境相关，即通州（领潞、三河2县，均在今北京市境内）、顺州（领温阳、密云2县，均在今北京市境内）、涿州（领5县，其中奉先县在今北京市境内）、蓟州（领5县，其中平各县在今北京市境内）等。另：今北京北部属北京路、西京路。

元：置大都路，上统于中书省，下领2院（在大都城内）6县（其中，大兴、宛平、良乡、昌平4县在今北京市境内）10州（其中，通州、顺州、檀州、涿州、蓟州、龙庆全部或部分在今北京市境内）。另：今北京北部属上都路。

明：初都南京，置北平府。1403年，改北平为北京，府曰顺天。1421年迁都北京后，顺天府上统于京师，下辖7县（其中，大兴、宛平、良乡在今北京市境内）、5州（其中，通州之县、昌平州之密云、怀柔、顺义3县、涿州之房山县、蓟州之平谷县在今北京境内）及1个直隶州（延庆州，所领永宁县在今北京市境内）。另：今北京北部属朵颜部。

清：顺天府不改，领5州19县。[①] 其中，大兴、宛平、良乡、密云、怀柔、顺义、平谷、房山、通州、昌平州在今北京市境内。另：北京北部地区属独石口厅、

[①] 注：清代州不领县。

承德府。

民国：初，废顺天府，改置京兆地方。同时废州称县。民国前期，京兆地方辖 20 县，其中，大兴、宛平、良乡、房山、通县、顺义、平谷、密云、怀柔、昌平 10 县及三河县北部在今北京市境内。另：今北京北部地区分属直隶省、热河特别区和察哈尔特别区。1928 年，因国都南迁，改北京为北平，置特别市，废京兆地方，所辖诸县改隶河北省。1930 年，北平特别市降至普通市，改隶河北省。1937 年北平沦陷后，日伪曾置燕京道。1949 年 2 月，北平市和平解放，北平市人民政府临时划定全市为 32 个区。同年 6 月，将 32 个区调整为 16 个区。

1949 年中华人民共和国成立以来：北京行政建制和区划经多次调整，区县建制最多时为 1949 年初的 32 个，最少时为 1952—1955 年间的 13 个。

综上所述，历经数千年，北京从原始聚落的中心，到方国诸侯的领地中心，进而发展成为统一的封建国家北方地区的军事重镇，直至上升为全国首都，其城市名称、区域范围和城市格局屡经变迁，行政区域划分也多次变革。其间，北京地区政区沿革中以下几个突出变化值得注意：

一是行政中心的转移和都城的扩张。辽代以前，北京城的核心区域一直在现北京西南方向的蓟城，即今广安门一带。金以后，北京先后四次改建和扩建，行政中心也不断迁移和扩大。第一次改建和扩建发生在金建中都时，当时在辽南京基础上大规模扩建，不仅建造了宏大的宫殿，还在今天的中海北海建造离宫。元灭金后，因中都经战乱已成废墟，仅郊外的离宫未遭兵燹，于是忽必烈下令，以离宫为中心营建新都，是为元大都。元大都皇宫以北海和中海为中心形成正方形，北京的位置遂明显向东北迁移。此为北京作为都城的第二次改建和扩建。第三次改建和扩建发生在明前期，由三次大的工程构成：一是明太祖朱元璋灭元后，因城北人口稀疏，日益萧条，又不易防守，故"缩城北五里"；二是明成祖朱棣迁都北京后，为扩充衙署，将南面城墙向南展拓；三是为保证中轴线的贯通（元时中轴线为什刹海所隔断），将宫城中线东移。三次工程使北京城总体位置向南向东迁移，其中整个都城向南移动约四分之一，中轴线向东移动约一百五十公尺。第四次改建和扩建发生于明中叶以后。鉴于东北少数民族威胁不断扩大，统治者决定在都城四面五里开外筑一圈外城，但由于财政所限，最后只完成了南城一面，外城东西也仅比内城宽六七百米，于是折而向北，至内城东南、西南两角上与内城连接，形成一个"凸"字形。[①] 北京城的迁移和扩张不仅

[①] 参见梁思成、林徽因：《北京——都市计划中的无比杰作》，林徽因：《爱上一座城》，北京理工大学出版社2016年版，第28—33页；梁思成著、林洙编：《拙匠随笔》，北京出版集团公司 北京出版社2016年版，第197—202页。

是政治、军事、经济各方面形势综合作用的结果,更对古都文化的发展变化产生了不容忽视的影响。

二是城郊的界分。自元代中期以后,直属于京师城市的郊区逐渐形成,但由于政治、历史的因素,以及土地私有造成行政管辖区域的参差和大量"飞地"的存在,北京的城郊界限并不明显。直至雍正年间,清政府勘定了京师城属与周边州县间的行政界限,建立界牌,令永远遵守。我国古代首条都城城郊之间的行政界限正式出现。① 城与郊的清晰界分不仅标志着城市管理状况的改善,也促进了郊区文化的发展。

三是圈层式格局和板块式布局的形成与演变。自明代以后,北京的行政区划基本以内、外城为基本界限,再进行不同方式的划分。明代筑北京外城并设立五城(即将内城分为中、东、西、北四个城区,外城则为南城),北京政区开始呈现比较规则的板块式布局;至清朝,则在内城分置八旗,而将外城分为东、南、中、北、西五城。民国保留了外城五个区的建制,仅对各区域的名称有所调整,称为外一区、外二区、外三区、外四区和外五区。抗日战争结束后,北京外城仍然划分为五个区。中华人民共和国成立初期,外城的区域划分仍与民国时基本相同,只是序号有所改变,外一区改为第八区,

---

① 韩光辉:《从幽燕都会到中华国都——北京城市嬗变》,前言,商务印书馆2011年版。

外二区改为第九区，依此类推。随后，在1952年的北京行政区划调整中出现新的特点，在内城区、外城区之外出现新的板块："郊区"。其具体做法是：重新将"内城区"划为东单区、西单区、东四区、西四区，"外城区"划为前门区、崇文区、宣武区；将"郊区"划为东郊区、南苑区、丰台区、海淀区、石景山区和门头沟区。这样，北京城行政区划整体的布局就从两个圈层演变到三个圈层。另一点值得注意的是，在这次调整中，首次出现了崇文区和宣武区的名称。1958年，东单、东四被合并为东城区，西单、西四被合并为西城区，北京市所辖计13区（东城、西城、崇文、宣武、朝阳、丰台、海淀、门头沟、大兴、周口店、通州、顺义、昌平）4县（平谷、怀柔、密云、延庆），区划数量及范围基本趋于稳定状态；直至1996年，逐渐形成18区县。18个区县在地域划分上呈现4个圈层的格局：第一层为东城、西城、崇文、宣武4个城区；第二层为朝阳、丰台、石景山、海淀4个近郊区；第三层为通州、顺义、昌平、大兴4个准近郊区；第四层为门头沟、房山、平谷、怀柔、密云、延庆6个远郊山区县。

北京的圈层式格局和板块式布局对北京不同特色文化的区域性分布影响很大。清代将内城称为"四九城"，仅旗人居住，与汉人居住的外城形成完全不同的文化特色。而在外城，亦由于社会经济功能和人群分布的不同，呈现"东富西贵、南贫北贱"的鲜明特征。当时还流行一首《京师谚》云:"中城珠玉锦绣,东城布帛菽粟,南城禽鱼花鸟,西城牛羊柴炭,北城衣冠盗贼",亦折射了这一特点。

民国时期,北京"所谓"的四环已经形成。最内环是围绕宫城的东西长安街、南北池子、南北长街、景山前大街。第二环是王府井、府右街,南北两面仍是长安街和景山前大街。第三环以东西交民巷,东单东四,经过铁狮子胡同、后门、北海后门、太平仓、西四、西单而完成。向南延长经宣武门、菜市口、珠市口、磁器口进入崇文门。第四环是从东城的南北小街,西城的南北沟沿,北面的北新桥大街、鼓楼东大街,以达新街口。①

北京城内部区域圈层和板块的分布格局,其实也是城市政治、经济格局、社会生态及文化形态的直观反映。

第三节　继继绳绳:
古都城市建设理念与文化特色

"城市发展事实上是生命的长成,其精神就是在生命成长过程中逐渐形成的,是自生自发、水到渠成的结果。"② 北京作为古都,先后经历了辽、金、元、明、清

---

① 林徽因:《爱上一座城》,北京理工大学出版社2016年版,第38—39页。

② 沈湘平:《当代城市精神如何塑造?》,《成都日报》2017年8月2日。

五朝的建设，据《宸垣识略》记载，故都北京各时期沿革及建制如下：①

辽太宗会同元年，以幽州为南京析津府，城方三十六里，崇三丈，衡广一丈五尺，敌楼战橹具。八门：东曰安东、迎春，南曰开阳、丹凤，西曰显西、清普，北曰通天、拱辰。大内在西南隅。皇城内有景宗、圣宗御容殿。殿东曰宣和，南曰大内。内门曰宣教。外三门，曰：南端、左掖、右掖。门有楼阁，球场在其南。东为永平馆。皇城西门曰显西，设而不开。北曰子北。西城巅有凉殿，东北隅有燕角楼。度卢沟河六十里至幽州，号燕京子城，就罗锅西南为之。正南曰启夏门，内有元和殿。东门曰宣和。城中坊闬皆有楼。

金贞元四年，金主亮幸燕，遂以为中都，府曰大兴，定京邑焉。都城周围凡七十五里。城门十二，每一面分三门，其正门四旁又设两门，正东曰宣曜、阳春、施仁，正西曰灏华、丽泽、彰义，正南曰丰宜、景风、端礼，正北曰通元、会城、崇智，此四城十二门也。其正门常不开，出入悉由旁两门。内城门曰左掖、右掖，宣阳又在外焉。

---

① 吴长元：《宸垣识略》卷一，建置，北京出版社2005年版，第8—18页。

元世祖至元四年，始定鼎于中都之北三里，筑城围六十里，九年改为大都。京城方六十里，里二百四十步。分十一门：正南曰丽正，左曰文明，右曰顺承，正东曰崇仁，东之南曰齐化，东之北曰光熙，正西曰和义，西之南曰平则，西之北曰肃清，北之西曰健德，北之东曰安贞。九年二月，建钟鼓楼于城中。南城在今城西南，唐幽州藩镇城及金辽故都城也。

明洪武初，改大都路为北平府，缩其城之北五里，废东西之北光熙、肃清二门，其九门俱仍旧。旧土城一座，周六十里。克复后，以城围太广，乃减其东西迤北之半，创包砖甓，周围四十里。其东南西三面各高三丈有余，上阔二丈；北面高四丈有奇，阔五丈。壕池各深阔不等，深至一丈有奇，阔至十八丈有奇。为门九。

永乐中定都北京，改北平为顺天府。建筑京城，周围四十里。为九门：南曰丽正、文明、顺承，东曰齐化、东直，西曰平则、西直，北曰安定、德胜。正统初更名丽正为正阳，文明为崇文，顺承为宣武，齐化为朝阳，平则为阜城，余四门仍旧。城南一面长一千二百九十五丈九尺三寸，北一千二百三十二丈四尺五寸，东一千七百八十六丈九尺三寸，西一千五百六十四丈五尺二寸，高三丈五尺五寸，垛口五尺八寸，基厚六丈二尺，顶收五尺。

第二章　源远流长的文化轨迹

嘉靖二十三年，筑重城包京城南面，转抱东西角楼。止长二十八里。为七门：南曰永定、左安、右安，东曰广渠、东便，西曰广宁、西便。城南一面长二千四百五十四丈四尺七寸，东一千八十五丈一尺，西一千九十三丈二尺，各高二丈，垛口四尺，基厚二丈，顶收一丈四尺。四十二年，增修各门瓮城。

嘉靖三十二年，给事中朱伯承言：城外居民繁多，不宜无以围之。……乃命兵部尚书聂豹等相度京城外四面宜筑外城约七十余里……大约南一面计一十八里，东一面计一十七里，北一面势如倚屏，计一十八里，西一面计一十七里，周围共计七十余里。内有旧址堪因者约二十二里，无旧址应新筑者约四十八里。其规制俱有成议，因经费不敷，事遂寝。

（清仍明旧，仅修整壮丽耳）

古都文化是城市历史沿革中文化积淀的产物，更是城市记忆的重要载体。文化的层累形成都市文脉的传承。在北京千年为都的兴替沿革中，其都城文化得以不断传承和发展。这种传承和发展首先体现在城市建设的理念与实践中，自辽至清，北京都城文化继继绳绳，未尝中辍，构成了中国都城文化史中异常光彩夺目的篇章。

1. "象天设都""天人合一"规划理念的杰出体现

"象天设都"是儒家"天人合一"思想的重要体现。"从传说中的商周时期开始，中国的城市主义就自觉不自觉地与国家的演进联系在一起"，同时与其他早期城市文明不同，"创建伊始，中国的大城市就严格遵从'宇宙模式'建造。"① 中国历代都城规划建设中往往依据宇宙天象设想天上的秩序，再依照这一秩序在都城构建类似的物质形态，以烘托皇权的尊贵威严，呈现天、地、人三者之间的和谐氛围。《周易》所谓"法象莫大于天地，天地有尊卑，故人有贵贱，人道本乎天道，天地相应、人神一体"即是这一理念的雏形。"象天设都"的都城格局与文化理念历周、秦、汉、唐各代，至明清时期在北京城构建中得到了空前的体现。

前已述及，明代北京城的修建是参照北斗七星而定位的。明清北京城以"紫禁城"为中心，这一中心点正是天空紫微星即北极星在地面对应的位置。古人将天空分为太微、紫微、天帝三垣，根据对太空的长期观察，他们发现紫微星居于中天，位置永恒不变。既然皇帝自认为是天子，是紫微星君下凡，那么紫微星垣也就成了皇极之地，所以又称帝王宫殿为紫禁、紫垣。紫禁城

---

① ［美］乔尔·科特金：《全球城市史》，王旭等译，社会科学文献出版社2010年版，第1页。

"前朝"的太和殿、中和殿、保和殿则象征天阙三垣。三大殿下设三层台阶,象征太微垣下的"三台"星。"后寝"由乾清、坤宁、交泰三宫和东、西各六宫合为十五宫,以符紫微垣十五星之数。紫禁城之外,城墙与城门的位置也依北斗七星的形态及其地面对应的位置而设定。北京城西北(今天西直门)的城墙之所以不是直角,就是参照北斗七星转折的轨迹而确定的结果。此外,午门、大清门等均为三阙,午门上建重楼九间,则是出于"天数"的考虑。

除紫禁城外,北京城还有很多个体建筑也融入了时人的宇宙观。如:天坛的设计不仅体现了"天圆地方"的理念,也处处遵循所谓的"天数"。其全部建筑分为两组,即南面祭天的"圜丘"和"皇穹宇"与北边的祈年殿及其后殿——皇乾殿、东西配殿和祈年门,前者以方形围墙包围,后者以半圆形围墙包围,象征"天圆地方"。祈年殿、皇穹宇、圜丘都被设计成完美的圆形。作为核心建筑的"圜丘"平面正圆,分三层,每层由石栏杆环绕,三层栏板合计三百六十块,象征"周天三百六十度";各层四面则各设九步台阶。"圜丘"各个结构的尺寸和数目都选用一、三、五、七、九的"天数"或它们的倍数,以最大程度呼应"象天设都"的理念。[①]

[①] 林徽因:《天坛》,《爱上一座城》,北京理工大学出版社2016年版,第60页。

圜丘又称天坛，形圆象天，南向。三成：上成径九丈，高五尺七寸；二成径十又五丈，高五尺二寸；三成径二十一丈，高五尺。上成石面九重，自一九环瞖，递加至九九；二成自九十递加至百六十有二；三成自百七十有一递加至二百四十有三。合一三五七九阳数。每成四出陛，皆白石，九级。上成石阑七十有二，二成百有八，三成百八十，合三百六十周天之数；柱如之。内壝形圆，周百有六丈四尺，高五尺九寸。壝门四，皆六柱三门；柱及楣阒皆白石，扉皆朱櫺。壝外东南丙地燔柴炉一，高九尺，径七尺，瞖以绿琉璃。瘞坎一。东南燎炉四，分设于壝东西门之左右。壝北门后为皇穹宇，南向。环转八柱，圆檐，上安金顶。基高九尺，径五丈九尺九寸。石阑四十有九。东西南三出陛，各十有四级。左右庑各五间，一出陛。殿庑覆瓦，均青色琉璃。围垣形圆，周五十六丈六尺八寸，高丈有八寸。南设三门，崇基石栏，前后三出陛，各五级。外壝东门外。东北隅为神库、神厨，各五间。井亭一。祭器库、乐器库、楠荐库各三间。又东为宰牲亭、井亭各一。壝外内垣门四：东曰泰元，南曰昭亨，西曰广利，北曰成贞，皆朱扉金钉，纵横各九。昭亨门外东西石坊各一。[1]

---

[1] 吴长元：《宸垣识略》卷九，外城一，北京出版社2005年版，第177—178页。

在"象天设都"的基础上,北京城在规划设计中又遵循《周礼·考工记》"匠人营国,方九里,旁三门。国中九经九纬,经涂九轨,左祖右社,面朝后市,市朝一夫"①的原则,充分体现了"君王为主,臣民为客;君权为主,神权为客"②的思想,而这正是儒家"天人合一"思想的核心观念。

2. 都城布局和城市建设的独具匠心

自辽至清,北京五朝为都,其中辽、金、元、清均为少数民族政权的都城。然而,几朝都城均沿袭了中原王朝都城建设的思路和做法。937年,后唐河东节度使石敬瑭将燕云十六州割让给辽后,辽遂将幽州略加修整,设为陪都,改称南京。南京基本保持唐幽州城的格局和形态,连城内的坊名亦沿用唐代旧称,这也奠定了北京作为都城的中原特色和基调。其后,金灭辽,败北宋,统治中国北方,将南京作为新的首都,并于1151年模仿北宋汴梁的形制,扩张都城范围,增建宫殿,改称中都。在都城特别是宫殿建设中,中都对汴梁的继承堪称"极致"。当时流行一个传说:在金中都皇宫的门、窗、隔扇、屏风等构件上,都刻着"燕用"两个字,而这两个

---

① 《周礼》冬官考工记第六,卷十二,四部丛刊明翻宋岳氏本。
② 阎崇年:《古都北京的"文化风韵"》,《北京日报》2017年9月11日。

字正是一位能工巧匠修建汴梁过程中在自己的作品上所做的记号。历史开了一个小小的玩笑，这些构件后来竟长途跋涉来到了北京（燕）故宫，匠师一个不经意的签名，竟成了历史发展的谶语！事实上，从汴梁被运到北京的，岂止小小的门扇、窗牖之属？在建设中都过程中，金朝统治者不仅下令把宋东京汴梁的宫殿苑囿和真定的谭园木料拆卸北运，还将汴梁的很多匠人掳至中都，重新安装从汴梁"拆来的宫殿"和建造新的宫殿。因此，如果说辽代的南京仅仅是因陋就简、以城为都，尚无法体现中国传统都城的典型特色的话，金中都作为汴梁的翻版，已完全成为中原王朝首都嬗代与发展中的一环。

法国雕版画中的清代北京城

元大都则是中国都城建设史上的里程碑。它不仅最大限度沿袭了金中都的设计和制度,包括言门楼观、宫墙角楼、护城河、御路、石桥、千步廊等,甚至在规模上超越汴梁,而且最为近似地体现了《周礼·考工记》关于都城建筑的理想。《周礼·考工记》是关于中国都城规划设计的最早记载。它成书于春秋战国时期,详细记述了周代都、王城、诸侯城等不同等级城市建设的基本要求和空间布局,包括各自不同的用地面积、道路宽度、城门数目和城墙高度等。它之所以对后世都城规划产生了非常深刻的影响,不仅在于其城市规划的整齐、美观和实用,更在于其代表了以中国哲学思想为指导的中国古代城市规划思想的形成。从周代开始,我国的王城布局和都城设计长期受《周礼·考工记》的影响,如大多都城都呈方形,拥有笔直的街道、整齐的街巷、高大的城墙、坚固的城门等,但直到元大都的建设,其"前朝后市""左祖右社"的制度才真正得以落实。明代北京城是在元大都基础上兴建的。明成祖迁都北京,利用元大都原有的城市规划和建制加以改建,并稍向南扩展了一些。所以,明代北京内城的街巷胡同大多数是元代就已形成的,虽然外城的街巷胡同没有经过整齐的规划,稍显杂乱,但总体格局与元代相差不大。清代建都北京后,于北京城的规划和城市格局几乎未做改变。而且,明清时期的四合院与元代相比,前堂后室之间的"工"字形走廊消失,变成名副其实的"四合",从而使院落布局更加规整。①

3. 城市美学、哲学与科学互相结合的完美典范

北京作为古都一向被作为城市美学的典范，中外的许多学者也素来用卷轴画或手卷来形容它。作为"一个举世无匹的杰作"，它"完整地表现出伟大的中华民族建筑的传统手法和在都市计划方面的智慧和气魄"，② 又融合了古代哲学、明清理学的基本观念，并体现出领先于时代的科学性。

对今天生活着2000多万常住人口的北京来说，无论是被戏称为"摊大饼"式的圈层式格局还是逼仄的胡同，都似乎有些不合时宜并屡遭诟病。然而不可否认，这样的设计在历史上可谓一种美学与科学的完美结合。正如梁思成和林徽因60多年前感受到的那样："今天所存在的城内的街道系统，用现代都市计划的原则来分析，是一个极其合理、完全适合现代化使用的系统。这是一个令人惊讶的事实，是任何一个中世纪城市所没有的。""这个系统的主要特征在大街与小巷，无论在位置上还是大小上，都有明确的分别；大街大致分布成几层合乎现在所采用的'环道'；由'环道'明确的有四向伸出

---

① 王晓坤：《北京四合院居住环境的心理分析》，北京林业大学2009年硕士论文，第10页。

② 梁思成、林徽因：《北京——都市计划的无比杰作》，林徽因：《爱上一座城》，北京理工大学出版社2016年版，第26页。

的'辐道'。结果主要的车辆自然会汇集在大街上流通,不致无故地去窜小胡同,胡同里的住宅得到了宁静,就是为此。"① 那时候的古都,没有拥堵,没有聒噪,在街道上穿行,如怡春风;掩上门扉,岁月静美。科学与美学在一个复杂而自在的城市空间相遇,和谐而安适。

北京城市美学与科学的完美结合还体现在它的建筑工艺与情趣上。在这里,所有的建筑都严格遵循科学的工艺规范,这些规范来自北宋《营造法式》、清《工部工程做法则例》等,同时在看似"千篇一律"的建筑布局中创造出"千变万化"的节奏和韵致。梁思成曾以故宫和颐和园为例就此进行分析。在他看来,这两处都是在"千篇一律"中体现出"千变万化"的杰作。就故宫而言,"整个故宫,它的每一个组群,每一个殿、阁、廊、门""全部都是按照明清两朝工部的'工程做法'的统一规格、统一形式建造的,连彩画、雕饰也尽如此,都是无尽的重复",但是,"从天安门一步步走进去,就如同置身于一幅大'手卷'里漫步;在时间持续的同时,空间也连续着'流动'。那些殿堂、楼门、廊庑虽然制作方法千篇一律,然而每走几步,前瞻后顾,左题右盼,那整个景色、轮廓、光影,却都在不断地改变着;一个接着一个新的画面出现在周围,千变万化。空间与

---

① 梁思成、林徽因:《北京——都市计划的无比杰作》,林徽因:《爱上一座城》,北京理工大学出版社2016年版,第38页。

时间，重复与变化的辩证统一在北京故宫中达到了最高的成就。"①

4. 自然与人文交相辉映的都市奇迹

徜徉于北京的宫殿庙宇、亭台楼榭、山水园林，很多人不禁为其融汇自然与人文的巧妙设计啧啧称奇。在这座城市，你既能感受到人类力量的奇伟，又会不时惊叹于自然的慷慨赐予，而二者通过城市规划和建设者的匠心独运，凝成一个古都建设的奇迹。侯仁之先生曾这样描述："因为这是封建帝王的都城，宫殿自然要占着最突出、最重要的地位。这些宫殿建筑的布局，并不是仅仅占据了全城中央部位的机械而呆板的安排；相反的，却是采取了一种非凡的艺术手法，使严正雄伟的宫殿建筑和妩媚多姿的自然景物紧密结合起来，因此这就取得了一种人工与自然相互辉映的奇妙效果。"② 事实上，故宫三组宫殿建筑与琼华岛及其周围湖泊、景山的紧密融合，中心阁与什刹海的相互衬托，天坛、太庙、社稷坛、圆明园、颐和园等皇家建筑乃至散落于京城的诸多庙宇、衙署、王府与自然环境的彼此呼应，无不体现出这座古都在融合建筑与自然方面不同寻常的想象力。

---

① 梁思成：《建筑师是如何工作的？》，梁思成著、林洙编：《拙匠随笔》，北京出版集团公司 北京出版社2016年版，第23页。

② 侯仁之：《历史上的北京城》，尹钧科选编：《侯仁之讲北京》，北京出版社2005年版，第20页。

综上，北京古都文化"上得天时，下得地势，中得人心"①，萌发于水甘土厚、物产丰饶的天然土壤，生长发育于 3000 年建城史、800 年建都史的漫长轨迹，显示出体国经野的缜密运思，包含了象天设都的文化理念，凝聚了继继绳绳、不断传承与发展的创新活力。它不仅是中华文明生长的一个重要坐标，而且是人类生存与发展历史的重要见证。

① 吴长元：《宸垣识略》序，北京出版社 2005 年版。

第三章 中正庄严的首善气派

在北京三千年的建城史中，有三分之一时间是作为中国的"首善之区"而存在的。这造就了其作为"大古都"最突出的文化特征——中正庄严。

光绪廿五年的北京街景（1899年）

第三章 中正庄严的首善气派

北京的"中正庄严"不仅是装点城市的基本要素，也是渗透在城市骨子里的审美灵魂。大至规格宏大的城墙、城楼、宫殿、牌楼，小到建筑上的斗拱、彩绘，乃至一个小小的瓦件、脊兽，无不烘托出中正庄严的气氛。高大富丽的皇家建筑固然让人一望而油然心生敬意，藏在小胡同寻常四合院里的一对石狮子，一块上马石同样能让人感受到一种古都不经意间透出的气派和韵味。当侯仁之先生第一次来到北京城，走出前门车站时蓦然跃入他眼帘的，是"巍峨的正阳门城楼和浑厚的城墙",[①]使之沉溺于"古城文化空气蕴藉的醇郁"中的，是"宫阙庙堂的庄严壮丽"，"城关市街的规制恢宏"。[②]当梁思成夫妇漫步于北京的城郊，"无论哪一个巍峨的古城楼，或一角倾颓的殿基……无形都在诉说乃至歌唱时间上漫不可信的变迁"。岁月流转，在不逊色于世界任何一座城市的现代化城市图景中，这座古都曾经的面目已渐渐模糊，侯先生和梁氏夫妇曾经为之迷恋的古都风采大多已不复见，然而越来越多属于这座城市的乡愁，却萦绕其间，挥之不去。人们开始回望、寻找和研究遗失在现代化进程中的古都北京，因为他们发现，这个城市终究

[①] 侯仁之：《北京——知之愈深　爱之弥坚（代序）》，尹钧科选编：《侯仁之讲北京》，北京出版社2005年版，第3页。

[②] 侯仁之：《北平历史地理》，邓辉、申雨平、毛怡译，外语教学与研究出版社2014年版。

无法忘怀它曾经的"规格与庄严""壮丽与优雅"。① 莫怪乎丹麦著名的城市规划学家罗斯穆森如此赞扬北京城:"北京,古老中国的都城,可曾有过一个完整的城市规划的先例,比它更庄严更辉煌吗?"②

北京古都文化的首要特征,在于崇尚"中正",这是中国传统哲学思想在这座城市的集中投射和突出反映,是所谓"帝王之道"与"君子之德"的集中体现。

中国儒学有一句话:"不偏之谓中,不易之谓庸。中者,天下之正道。庸者,天下之定理。"即不偏不倚,无过无不及。在《易经》中,"中正"则与刚柔相济语义相通。刚即"刚健中正",语出《易·乾卦·文言》:"大哉乾乎,刚健中正,纯粹精也,六爻发挥,旁通情也,时乘六龙,以御天也,云行雨施,天下平也。"《乾卦·九五》释乾:"九五,飞龙在天,利见大人。"朱熹注云:"刚健中正以居尊位,如以圣人之德居圣人之位,故其象如此。"柔即"柔顺中正",《易·坤·六二》释坤:"六二,直方大,不习无不利。"朱熹注:"六二柔顺而中正,又得坤道之纯者,故其德内直外方而又盛大,不待学习而无不利。"可见,中正乃乾坤之共质,乾坤各安其位之理,刚柔相济之道,在于"中正"。后世经

---

① 郑也夫:《郁郁乎文哉——古城北京》,朱正伦、李小燕:《城脉:图解北京古城古建》,北京大学出版社 2011 年版。

② 转引自侯仁之:《论北京旧城的改造》,《北京城的生命印记》,生活·读书·新知三联书店 2009 年版,第 268 页。

典亦多阐发"中正"之旨,如《洪范》谓"三德":一曰正直,二曰刚克,三曰柔克。《论语·雍也》曰:"中庸之为德,其至矣乎,民鲜久矣。""中正"也是中国为君之道、为臣之道、为君子之道的核心要义,所谓"中也者,天下之大本也"。① 君之中正,在于"以德配天","允执厥中","以圣人之德居圣人之位",以中庸之道引导百姓。故《中庸》评价舜曰:"舜其大智也与!舜好问而好察迩言,隐恶而扬善,执其两端,用其中于民,其斯以为舜乎!"② 而君子"居必择乡,游必就士,所以防邪僻而近中正也。"③ 中正之标准,则"仰观于天,见阴阳之象,俯察于地,见刚柔之形,于是制为奇偶之画以准之,使万物之情皆以类从,而天文地理遂与人事物情相通为一,而幽明之故可得而知矣"。④ 儒家的"中庸""中正"之道不仅伴随着数千年以来的华夏文化,同时它那种中正、稳定、和谐的理念也被建筑者们应用于城市建设之中。

  北京作为中国封建集权巅峰期的都城,不仅在建筑、日常、宗教、民俗诸领域处处体现了极致而和谐的"中庸理念"和"中正"秩序,而且几乎每个"毛孔"都透出基于高度国家民族认同的正统意识。

---

① 《四书章句集注》,中庸,宋刻本。
② 《册府元龟》卷十八,明刻初印本。
③ 《群书治要》卷三十八,四部丛刊景日本。
④ 《周易集说》卷二十八,清文渊阁四库全书本。

源远厚重的古都文化

第一节 心怀社稷的正统意识

作为全国的政治中心,北京政令所出,事关国计,攸系民生;作为全国的文化中心,北京教化之行,播迁全国,垂范地方。这种至尊无上的政治地位和无出其右的文化地位自然而然造就了北京"天降大任、舍我其谁"的文化品格。

北京古都文化让人无法抗拒的魅力,首先就来自其无可替代的国家、民族文化意识和标识。人们常常将北京和上海作对比,认为二者是国家责任与现代(西方)时尚的代表。加拿大著名政治学者贝淡宁对两个城市社会形态的很多细节作了比较,如:如果他在北京的街道上用汉语向人问路,往往得到汉语的回答,而在上海,得到的则是磕磕巴巴的英文答案;北京的大街上有很多鼓励道德修养的标牌或图片,上海大街上更引人注目的风景则是戴着时髦太阳镜、身着外文 T 恤的摩登女郎。只有在北京,人们"有强烈的公民意识,这个城市充满了国家的象征。所以对城市感到自豪也意味着对国家感到自豪,批评这个城市也意味着批评这个国家。"[①] 即使在她成为残破、困窘的"故都"时,这种家国情怀带来

---

① [以] 贝淡宁、艾维纳:《城市的精神Ⅰ:全球化时代,城市何以安顿我们》,吴万伟译,重庆出版集团 重庆出版社 2018 年版,第 199—200 页。

的魅力也丝毫不会受到减损。正如《北京乎》作者姜德明在抗战胜利后第三个年头第一次来到北京所感受到的："火车到了东便门，车窗擦着城墙过。剥蚀的城砖布满岁月的风尘，城头长满了杂草，确是一幅破败的衰城景色。然而它仍然唤起我对这座古城的向往，心头蓦地升起崇敬之意，不是因为看到了什么皇家的威严，而是对于我们的历史、民族和文化的一种骄傲感。"

"天下兴亡，匹夫有责"的政治责任感在北京人身上体现得尤为突出。比如在茶馆里，南方人喝茶，谈的多是家长里短和生意场上的事，而北京人喝茶，聊的常是国家大事。历史上，北京成为多次大规模群众政治运动的策源地，原因即在于此。

那么，是什么因素造就了北京这样一种具有强烈国家和民族性的城市品格呢？求诸历史，我们不难发现，这一城市品格的形成与它漫长的历史特别是作为古都的历史具有极大的渊源。

由于士人的大量聚集，中国士人的传统观念和价值取向在北京沉淀为一种城市精神和文化追求。曾子曰："士不可以不弘毅，任重而道远。仁以为己任，不亦重乎？死而后已，不亦远乎？"[①] 中国的传统士大夫素来崇尚"齐家、治国、平天下"，将"致天下于大治"、"厝

---

① 《论语注疏》，论语注疏解经卷第八，泰伯第八，清嘉庆二十年南昌府学重刊宋本十三经注疏本。

天下于衽席之上"作为最高理想，为达至这一理想，他们极力推崇"天下兴亡、匹夫有责"，"天下为公，苍生是念"的社会责任意识，"位卑未敢忘忧国"的爱国主义精神和"先天下之忧而忧，后天下之乐而乐"的人生抱负。北京文化的正统意识与其知识人群的聚集及知识力量的时代性涌动息息相关。作为数朝古都和文化中心，自明清以降，北京成为中国最大的士大夫聚集地，北京的文化品格不可避免地受到其价值观念的影响。近代以来，作为中国传统文化积淀最为深厚的首善之区，北京文化发展的历史又与一代又一代文化巨子们血脉相连，从康有为、梁启超，到鲁迅、李大钊、陈独秀……这里曾是哺育他们的故土或其生命中的重要驿站，倾注了他们不可言说的爱与梦，氤氲着他们挥之不去的文化气息；他们，则在北京乃至中国的文化地图上，定格为一个个形象鲜明的文化符号，形成了北京和中国历史进程中的文化坐标。

有学者认为，"国家性"或"民族性"淡化了北京的区域意识，也削弱了其地域文化特色，如陈平原先生就认为，"北京学"之所以在20世纪90年代发展不够快，其中一个很重要的原因就是植根于北京历史文化中的"中国"观念，或者说以中国文化自居的文化心态。这也是北京长期作为首都而形成的无法抹去的文化烙印。

第三章　中正庄严的首善气派　　91

日本人摄影的朝阳门（1906年）

不可否认，"中国地方史的叙述，长期被置于一个抽象的中国为中心的框架内，也是导致许多具有本土性的知识点点滴滴地流失，或至少被忽略或曲解的原因。"[①] 但是同时我们也应该看到，对北京而言，其文化的"中国性"又恰恰是其独特地方性的体现，在很多情况下这一点也正是我们解读这座城市的起点和锁钥。

---

① 程美宝：《地方史、地方性、地方性知识——走出梁启超的新史学片想》，杨念群等编：《新史学：多学科对话的图景》，中国人民大学出版社2003年版，第678页。

第二节　庄重威严的建筑格局

秩序是"古都文化"的本质。古都建设与政权对社会结构和规范性秩序的塑造相伴随。古都秩序在城市建筑布局上体现为井然有序的仪式建筑群。在都城建筑群视野下,反映帝国统治理念的规律的、惯性的秩序体系层层浮现:从贵贱之别到城乡之隔,从日夜之差到男女之防。而这种秩序体系越严密,它呈现出来的视觉印象就越庄重威严,让人心生敬畏。

清末北京的四合院和城墙

"庄重威严"是古都北京整体上呈现给人们的第一印

象。这种印象一方面来自于其特殊的历史和现实地位：这里"曾经是封建帝王威风的中心、军阀和反动势力的堡垒"，而后又成为"生气蓬勃地在迎接社会主义曙光中的"新中国的首都，直至今天成为集"全国政治中心、文化中心、国际交往中心和科技创新中心"四大功能为一体的历史文化名城和国际化大都市。另一方面来自于站在北京触目所及的"帝都"韵味："北京雄劲的周围城墙，城门上嶙峋高大的城楼，围绕紫禁城的黄瓦红墙，御河的栏杆石桥，宫城上窈窕的角楼，宫廷内宏丽的宫殿，或是园苑中妖媚的廊庑亭榭，热闹的市中心里牌楼店面，和那许多坛庙、塔寺、第宅、民居。"更难得的是各种建筑类型、各个或各组建筑物的彼此配合与呼应：它们与北京的全盘计划息息相关，它们的位置和街道系统相辅相成，通过集中与分布、引直与对称、前后左右的高下起落，组织起一个浑然一体的庄严秩序和宏壮美丽的城市环境。①

北京的庄重威严首先淋漓尽致地体现在它的建筑格局及其特点上。其最突出的表现，在于其对"中心"理念的极尽"凸显"，对封闭性空间的精心营造和对庄严肃穆气氛的极致渲染。

前已述及，在空间视野中，"中"是决定古都位置的一个重要因素。然而，"中"又绝不止是一个空间概

---

① 梁思成、林徽因：《北京——都市计划中的无比杰作》，林徽因：《爱上一座城》，北京理工大学出版社2016年版，第25—26页；梁思成著、林洙编：《拙匠随笔》，北京出版集团公司 北京出版社2016年版，第193—194页。

念。"在空间上,'中'代表一个文化意义上的,相对完整的聚落环境的几何中心。在气象上,'中'则象征寒暑、干湿适宜的气候环境。在社会、政治意义上,'中'则象征终极的权力。"[1] 在经历中国都城史从东西摇摆到南北徘徊的漫长历程后,中国都城基本定于北京。在新的政治秩序和民族格局下,以突出皇权为主旨的庄重威严的中心观念得到了前所未有的体现和强化。

在辽、金、元、明、清五朝疆域形成的过程中,北京在地理、政治、经济、文化地图上都实现了从边缘到中心的转变。有人说地中海沿岸各城市都被烙上了罗马城的印章,在中国元、明、清时期,北京也作为政治和文化的辐射源,辐射和影响着全国各地。不同的是,罗马城的中心是开放式的罗马广场。罗马的最高权力来自公民,而广场则是公民开会议政、行使最高权力的地方,是罗马重要政策和决定的产生地,广场所体现的是罗马公民至上的理念。而在元大都和明清北京城,皇帝和皇宫是毋庸置疑的中心。因此,皇宫的设计必须具有压倒一切的气势和象征意义。

实际上,一座城市最突出的建筑或建筑群不仅会成为这个城市的地标,还往往掌握着这座城市的话语权。普罗斯特在《斯旺的家》一书中对坎布里教堂尖顶做了如此描述:"它总是统治着其他所有的东西,一个尖顶就出人

---

[1] 张杰:《中国古代空间文化溯源》,清华大学2012年版,第111页。

意料地概括了所有的房屋。"① 德波拉·史蒂文森则在美国的电影技术与电影工业大发展背景下提出了曼哈顿的崛起对于纽约的意义："在美国的电影技术与电影工业大发展的时候，曼哈顿也成长为一道由高楼大厦构成的风景。由于这两个过程在时间上的巧合，曼哈顿这一城市背景成为最醒目且最具标志性的影像之一，代表了建筑学领域的现代意义，乃至整个20世纪的价值观与巨大成就。曼哈顿就等同于纽约。"② 紫禁城作为北京的"中心"，中国的"中心"，将其俾倪天下的气势发挥到了极致，堪称"庄重堂皇的建筑物最卓越显著的范例"。③

紫禁城始建于明永乐四年，明成祖调集数十万民工，耗时14年，才基本建成这座气势恢宏的皇宫建筑群。在中国历史上，先后有24个皇帝在此执政。紫禁城自明永乐十八年建成以后，基本格局就一直延续了下来。紫禁城平面呈长方形，南北长961米，东西宽753米，宫墙周长约3000米，占地面积72万多平方米，建筑面积达15万平方米，屋宇9000多间。环以高大的城墙、雄伟壮观的城门城楼、玲珑精巧的角楼，庄严而壮丽。其平

---

① Proust, Marcel, *Du Cote de cbez Swann*, Paris, Gallimand, 1954. 转引自【美】凯文·林奇：《城市意象》，华夏出版社2001年版，第96页。

② [澳] 德波拉·史蒂文森：《城市与城市文化》，李东航译，北京大学出版社2015年版，第3页。

③ 梁思成、林徽因：《祖国的建筑传统与当前的建设问题》，林徽因：《爱上一座城》，北京理工大学出版社2016年版，第18页。

面布局、建筑形式、建筑结构、内外装修、陈设以及砖木石雕、彩画裱糊等，均体现出皇家威严而奢华的格调。直至今天，它仍是世界上保存最完整、规模最大、建筑最雄伟的古代宫殿和古建筑群。

如果说，紫禁城以"紫"入名是着眼于紫微星相对应的"天象"考虑及"紫气东来"的象征意义的话，"禁城"则无限地突出了帝王的权威。这座紫禁城，既富丽堂皇，又森严壁垒，外人不能逾越雷池一步。别说是平民百姓没有机会进入皇宫，就是王公大臣们也只有被召见才能进入。与将城市"中心"留给公民使用的罗马城相对照，这座"禁城"对于皇帝这一"中心"主体的凸显尤让人印象深刻。

凡是去过紫禁城的人，都不能不为它的威严所折服。清代发生过两次著名的英国使团访华所出现的礼仪之争：第一次是1792年马戛尔尼访华，清廷要求对方按朝贡惯例，向乾隆帝行三跪九叩礼，而马戛尔尼一行对此表示无法接受，在双方屡次交涉后，乾隆在热河避暑山庄接受了所谓的"朝贡和祝寿"，而关于最后马戛尔尼是否严格行三跪九叩之礼，双方说法歧异。第二次是1816年继马戛尔尼勋爵之后阿美士德又一次肩负扩大中英贸易使命来到中国，双方再次因礼仪问题争执不下，阿美士德虽被带至颐和园行宫，却坚决拒绝向嘉庆皇帝行三跪九叩礼，最终被驱逐出京城。"夷人"竟然不肯向天朝皇帝行三跪九叩之礼的事情，令朝野大为不解。于是有人猜测，这些"英夷"不肯行礼，一定是因为他们没有被带至故宫，故而没有感受到天朝皇帝的威严。后来坊间便流传一个故事：一位外国使节到故宫觐见大清皇帝，开始他死活不肯答应向大清皇帝行三跪九叩之礼，为此清朝官员便采取了一个礼宾仪式的安排，带他从正阳门沿中轴线一路走进皇城。正阳门外是北京的外城，视力所及，是灰墙灰瓦、密密麻麻的四合院，所以这位外国使节颇不以为然。但是当他走进皇城，特别是穿过大清门之后，眼前的建筑变成了富丽庄重的朱墙黄瓦，令之不禁肃然起敬；再往前走过异常宽阔笔直的千步廊，然后依次走过天安门、端门、午门被带进紫禁城。这时，巍峨的大殿和空旷的广场无与伦比的雄伟庄严，早已让他无形中为自己的渺小和卑微惭愧不已，最终在太和殿天下至尊的大清皇帝宝座面前不由自主地屈下了自己的膝盖。这当然只是一个无从查考的"传说"，但当年人们从城外到紫禁城太和殿一路走来所受到的视觉冲击和受到的心理威压却是不容置疑的。毛奇龄曾作《午门谢恩诗》云："嵯峨闾阖起双环，帝阙遥看彩仗班。伏地敢违阶咫尺，瞻天只在殿中间。枫门剑佩朝方启，草野衣冠拜未娴。但愧圣恩无可报，遥呼万寿指南山。"[①] 可以说，作为一座封建帝王的宫殿，故宫最大程度地成就

---

① 吴长元：《宸垣识略》卷二，北京古籍出版社1983年版，第22页。

了王者至尊。而朝见者一路走来所经过的更具有仪式意义的路线，则"犹如朝拜的路径，必须遥远而曲折，从而激发人的谦卑、恭敬和崇拜心理。"[1] 即使封建帝制被推翻，紫禁城变为每一个普通人可以进入参观的"故宫"，依然可以感受到其高度统一性、重复性的设计所营造出的雄伟气概和威严气氛，"从已拆除了的中华门（大明门、大清门）开始就以一间接着一间，重复了又重复的千步廊一口气排列到天安门。从天安门到端门、午门又是一间间重复着的'千篇一律'的朝房，再进去，太和门和太和殿、中和殿、保和殿成为一组的'前三殿'与乾清门和乾清宫、交泰殿、坤宁宫成为一组的'后三殿'的大同小异的重复，就更像乐曲中的主题和变奏；每一座的本身也是许多构件和构成部分（乐句、乐段）的重复；而东西两侧的廊、庑、楼、门，又是比较低微的，以重复为主但亦有相当变化的'伴奏'。"[2] 梁思成所谓的乐曲"主题"就是这座都城"中轴线"的中心段，沿着这条中轴线向前延伸，这座都城的威严便似乎无限地弥漫开来。

中轴线是北京的"脊梁"，它占据了这座都城纵贯南北最核心的地带，是国家权力的物化形态。在这条轴线上，

---

[1] 朱剑飞：《中国空间策略：帝都北京（1420—1911）》，诸葛净译，生活·读书·新知三联书店2017年版，第163页。

[2] 梁思成：《建筑师是如何工作的?》，梁思成著、林洙编《拙匠随笔》，北京出版集团公司 北京出版社2016年版，第23页。

政治、经济与文化的一系列象征物巍峨庄严,次第排开:

在它的最南边是外城正南的永定门。由此北行,中轴线两侧天坛与先农坛对称分布:永定门之西,"缭以垣墙,周回六里。中有天神坛、地祇坛、太岁坛、先农坛","每岁亲耕"。① 永定门之东,"缭以垣墙,周九里十三步",是为天坛,"雩祭之礼皆于圜丘敬谨将事"。②

向北为正阳门。此门元代称丽正门,明正统年间改称正阳门,俗称前门。"设而不开,惟大驾由之"。③

过了正阳门即进入内城。正阳门内设棋盘街。"周绕以石栏,四围列肆长廊,百货云集,又称千步廊。"④ "凡吏兵两部月选官掣签,刑部秋审,礼部乡会试磨勘,俱集于廊房之左右。"千步廊东接长安左门,西接长安右门,而二门可通五府六部。

再向北为大清门(明朝称大明门)。"三阙。上为飞檐重脊。""向夜月明真似海,参差宫殿涌金银。"⑤

然后是天安门(明称承天门)。"五阙。上覆重楼九间,为皇城正门。前环金水河,跨石梁七,即外金水桥也。前立华表二,门内立华表二。""凡颁诏,设金凤朵

---

① 吴长元:《宸垣识略》卷十,北京古籍出版社1983年版,第210页。

② 吴长元:《宸垣识略》卷九,第177、180页。

③ 吴长元:《宸垣识略》卷九,第163页。

④ 吴长元:《宸垣识略》卷五,第80页。

⑤ 吴长元:《宸垣识略》卷三,第40页。

云于天安门上堞口正中，宣诏官朝服，领耆老咸集，行礼奉召，承朵云由金凤衔下。"①

天安门的北边是端门，其制与天安门相同。其北东庙西社，左门迤北为部、院、府、寺、监朝房，再北有阙左门和阙右门，为王公朝集之所。"凡八旗都统衙门会议，俱集阙右门下。九卿会议，拣选人员，验看月选官员，俱集阙左门下。"②

紧接着向北，经午门便进入权力的中心——宫城，"在禁宫的重重围墙之后，缓慢而逐步打开的内部宫殿，显示出更大的震撼力"。③ 而到了太和殿，"便到达中线前半的极点，然后向北，重点逐渐退削，以神武门为尾声。"④ 并用景山作为衬托。再往北过地安门、鼓楼、钟楼三座高大的建筑，全长7.8公里的中轴线画上了一个完美的句号。无怪乎梁思成、林徽因称之为"全世界最长也最伟大的南北中轴线"，感叹"北京独有的壮美秩序就由这条中轴的建立而产生。"⑤

元大都的皇城和宫城虽然并不居于全城的中心，而是在南部偏西的位置，但其中心观念同样非常明确。它以皇

---

① 吴长元：《宸垣识略》卷三，第41页。
② 吴长元：《宸垣识略》卷九，第41页。
③ 朱剑飞：《中国空间策略：帝都北京（1420—1911）》，诸葛净译，生活·读书·新知三联书店2017年版，第315页。
④ 梁思成、林徽因：《北京——都市计划中的无比杰作》，林徽因：《爱上一座城》，北京理工大学出版社2016年版，第36—37页。
⑤ 同上书，第36页。

第三章 中正庄严的首善气派

城内海子（今什刹海）东岸为中心阁，阁西立有一块石碑，上书"中心之台"四字，此处即全城的几何中心。以此为起点，向南延展至丽正门，构成全城的中轴线。宫城内的主要建筑，如大明殿、延春阁等均坐落于此中轴线上。

紫禁城和中轴线对"中心"的强调在世界范围内极为罕见，二者呈现出的庄重威严也让人不由心生敬畏。实际上，北京作为都城对中心的强调和对庄重气氛的渲染还体现在很多地方。例如，在颐和园也有一个非常突出的中轴线设计，即排云殿、佛香阁建筑群，它们以红墙黄瓦的雄壮姿态和气势，由湖岸到山尖一气呵成，以一座八角亭的高阁作为句号，成为颐和园湖光山色中最夺人心魄的一道轴线。

对封闭性空间的精心打造也是统治者营造都城庄威严感的重要手段。有学者认为，岩洞"使古人类形成了最早的建筑空间概念，使他们看到有围墙的封闭性空间具有强大的威慑力量和感召力量"[①]。而城墙正是通过强化这种封闭性空间的威慑力和感召力，使都城增加了威严不可侵犯的氛围。明清时期，无论是宫城、皇城、内城还是外城，都被包围在高高的城墙之中，并设置城门。城门的开启和关闭不仅有时间的规定，更有功能的区分和身份的限制。每道城门特别是宫城各城门对哪些

---

① ［美］刘易斯·芒福德：《城市发展史——起源、演变和前景》，宋俊岭、倪文彦译，中国建筑工业出版社1989年版，第6页。

人开放，什么时间开放，都有非常严格的规定。

就连北京最普通的四合院也显示出天子脚下独有的礼制观念和权威秩序。四合院的一个特点，是通过空间方位的安排配置来贯彻中国传统儒家文化当中"礼"的观念，体现了伦理制度中的上下尊卑。"礼别异，卑尊有分，上下有等，谓之礼"，弘扬礼教是四合院的房间和院落功能布局设计的指导思想和基本原则。从四合院的空间格局，我们可以体会到中国文化的注重权威和集体主义特点。[①]

此外，诸多旨在体现皇权神圣性的宗教建筑为这座庄重威严的城市蒙上了又一层神秘的面纱。这些建筑中最重要的包括位于皇城南部中轴线两侧的太庙和社稷坛，位于都城北边的孔庙，都城南面供奉农神和蚕神的先农坛，以及位于都城外面南北相对、东西对称分布的天坛、地坛、日坛和月坛。这些建筑不仅因皇帝每年于特别的日期（四个"坛"祭祀的日期分别定在每年的冬至、夏至、春分和秋分）隆重地亲临祭祀而与众不同，更在设计上营造了一种庄重威严的别样气氛。以天坛为例，作为皇帝祭天的场所，它占地宽广，环境静谧，通过一条笔直宽阔的甬道作为中轴线将圜丘、皇穹宇、祈年门、祈年殿和配殿连接在一起，建筑物突出而疏朗，周围则

---

① 王晓坤：《北京四合院居住环境的心理分析》，北京林业大学2009年硕士论文，第22—25页。

松柏环绕，弥漫着神秘而凛然不容侵犯的气氛。

值得注意的是，北京城的庄重威严虽然首先是由其恢宏壮丽的建筑带给人们的感官印象和感受，然而，这种庄重威严又不仅仅体现在建筑本身，而更深刻地体现为它的权力秩序和文化观念。换句话说，北京城的建筑可以视为一种政治设计和文化表达。正如朱剑飞所指出的那样："它在政治设计上是策略的，强调宏大总体观念的主导，表现在帝国疆土、区域地缘、城市与宫殿内外等级关系，及其他方面的各种空间布局之中。它在天人的象征与生态的关系上又是整体主义的，表现在都城的总体布局，宗教场所的排布与宫廷的参演，美学与存在的空间构图，及其他方面的各种空间安排中。"[①]

第三节 方正严整的城市生态

说到北京的城市格局，人们往往引用梁思成在《全国重要建筑文物简目》中的一句话：这是"世界上现存最完整、最伟大之中古都市，全部为一整体设计，对称均齐，气魄之大，举世无比。"实际上，梁思成和林徽因不止一次表达类似的观点，因为在他们眼中，北京最可贵之处，即在于它的计划性和整体性，在于这座城市

[①] 朱剑飞：《中国空间策略：帝都北京（1420—1911）》，诸葛净译，生活·读书·新知三联书店 2017 年版，第 35 页。

"在处理空间和分布重点上创造出卓越的风格,同时也安排了合理而有秩序的街道系统,而不在它内部许多个别建筑物的丰富的历史意义与艺术的表现。"①

预先规划设计得井井有条的作为整体的北京城本身,对北京人的空间感产生了重大影响。北京城始终都是中央政府举全国之力,预先规划设计好的,大多数北京居民也就在这样一种预先规划设计好的世界中成长,形成自己的空间感。换而言之,作为世世代代居住于斯的北京人,他们是在北京城平整有序、方向清晰的规划世界中长大成人,生老病死的。这在很大程度上形塑了北京人对规矩、方向感、条理等的空间感。这就是外在物质与内在心理结构之间的一种互动关系。

中国人的秩序观念与尺度观念息息相关。《尸子》云:"古者垂为规矩准绳,使天下效焉。"② 何为规矩?"《说文》云:尺,度名,十寸也。人手却十分动脉为寸口,十寸为尺,规矩事也。古者尺、寸、寻、常、仞诸度量,皆以人体为法,故从尸从一,象布指之状。"③ 以身体为日常之规矩,以日月为宇宙之规矩。《周礼·考工记》"匠人营国"一节云:"匠人营国,水地以县,置槷以县,眡以景,为

---

① 梁思成、林徽因:《北京——都市计划中的无比杰作》,林徽因:《爱上一座城》,北京理工大学出版社 2016 年版,第 42 页;梁思成著、林洙编:《拙匠随笔》,北京出版集团公司 北京出版社 2016 年版,第 213 页。

② 《尸子》卷下,清平津馆丛书本。

③ 《难经本义》卷上,明古今医统正脉全书本。

规，识日出之景与日入之景，昼参诸日中之景，夜考之极星，以正朝夕。"《周礼·地官司徒》："日至之景，尺有五寸，谓之地中：天地之所合也，四时之所交也，风雨之所会也，阴阳之所和也。然则百物阜安，乃建王国焉。"又释曰："王者临统无边，故首称'惟王'，明事皆统之於王。王既位矣，当择吉土以建国为先，故次言'建国'。于中辩四方、正宫庙之位，复体国经野，自近及远也。"

近千年来，元、明、清三朝建都北京后对北京城进行了总体规划，进行了大规模的建设。北京城的平面布局规整而严密，遵循《周礼·考工记》所记载的规划思想，是古代中国礼制思想的物质载体，并强化了井井有条的社会秩序。不仅如此，北京城的预先设计的空间秩序，也会经过长时段的物质存在以后，通过影响世代生长于此的土著的"空间知觉"，进而影响他们的群体心理结构，乃至他们所创造的文化。

在"空间知觉"观照下的北京建筑格局呈现出三个基本特点，即：中心性、对称性和规则性。

1. 中心性：

如前所述，作为都城，北京城市格局的中心性既源于宇宙中心和帝王中心的复合观念；又出于治理国家的功能性选择。在城市规划中，中心点的确定至关重要。元大都首先在积水潭北岸建钟楼，作为全城的几何中心，钟鼓楼坐落于皇城中轴延长线上，横向与东、西城墙等距,纵向和南、北城墙等距。

2. 对称性:

中轴线是实现北京城市规整布局的最重要的因素。北京"前后起伏左右对称的体形或空间的分配都是以这中轴线为依据的。"[1] 中国以龙为图腾,而中轴线被看做北京的"龙脉"。北京比较明确的中轴线起于金代,一条南北纵贯的御道穿越外城的丰宜门、皇城的宣阳门和宫城的应天门。到了元代,南北中轴线正式形成,沿着当时鼓楼大街的中心线向南延伸,越过太液池东岸的宫城中央,直抵外城正中的丽正门。到了明代,统治者将北京中轴线向东移动了150米,最终形成现在的格局。明清北京城的中轴线上建筑从南往北依次为,永定门箭楼、永定门城楼、天桥、正阳桥坊、正阳门箭楼、正阳门城楼、大明门(清称大清门)、天安门、端门、午门、太和门、太和殿、中和殿、保和殿、乾清门、乾清宫、交泰殿、坤宁宫、坤宁门、御花园、钦安殿、顺贞门、神武门、北上门、景山门、绮望楼、万春亭、寿皇门、寿皇殿、地安门、万宁桥、鼓楼和钟楼。此外,明代还构筑了东西中轴线。两条中轴线十字交叉,构成城市的基本坐标。在此坐标系上,城门、街坊、坛庙等

---

[1] 梁思成、林徽因:《北京——都市计划中的无比杰作》,林徽因:《爱上一座城》,北京理工大学出版社2016年版,第36页;梁思成著、林洙编:《拙匠随笔》,北京出版集团公司 北京出版社2016年版,第206—207页。

对称分布，东西南北一目了然。（见下图）

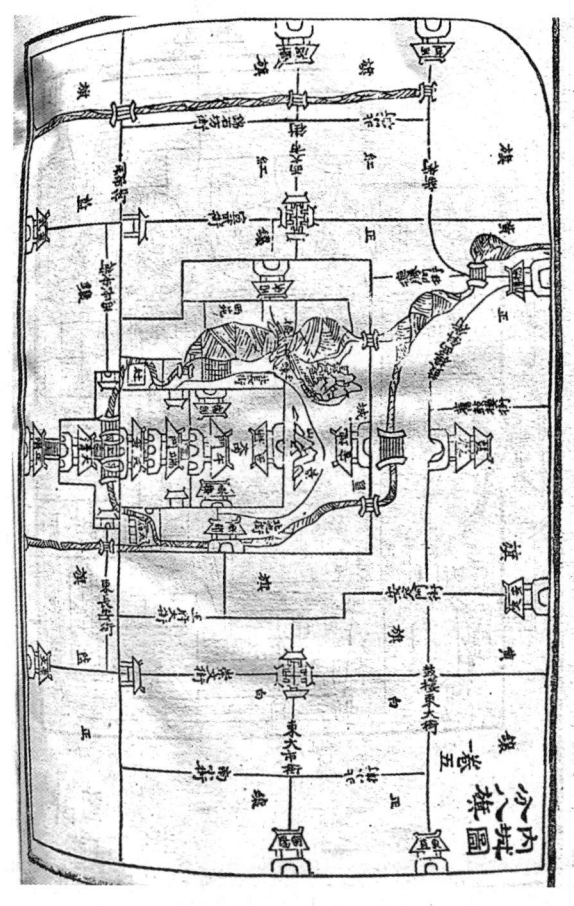

明北京城内城布局①

---

① 侯仁之：《北平历史地理》，邓辉、申雨平、毛怡译，外语教学与研究出版社 2014 年版，第 129 页。

自民国以来，北京中轴线虽多次受到破坏，[1] 但随着人们对其存在意义的认识日益加深，特别是随着南北中轴线向北的延伸[2]和东西中轴线的贯通，中轴线不仅依然是这座城市格局中最重要的一条参照线，而且正在日益焕发出新的活力。根据周尚意所做的一项调查，人们认同的前 10 位一级地标主要分布在北京的中轴线核心地段及长安街（及东西延长线）两侧。[3]

正是基于中轴线对于北京城市格局的重要价值和意义，近年来北京市不断加强中轴线保护工作，并启动中轴线申遗保护。北京市十五届人大常委会议决，要积极推动中轴线申遗保护，修编《北京中轴线保护规划》《北京中轴线申报世界遗产名录文本》，完成《北京中轴线申遗综合整治规划纲要》，明确中轴线 14 处遗产点和

---

[1] 民国时期继承了明清北京中轴线并加以改造，一定程度上破坏了其原貌。到了 1950 年后，中国面临迫切的建设问题，1950 年拆除了永定门瓮城，1952 年拆除了长安左门和长安右门，1954 年拆除了皇城北门地安门，1956 年拆除了宫城卫城北门北上门，1958 年拆除永定门城楼和箭楼……参见郭超：《北京中轴线变迁研究》，学苑出版社 2012 年版，第 61 页。

[2] 北京申办 1990 年亚运会成功之后，为了连接城市中心和亚运村，在二环路钟鼓楼桥引出鼓楼外大街，向北至三环后改名为北辰路，这条路成为北京中轴线的延伸。西边建造了中华民族园，东边则是奥体中心。北京申奥成功后，中轴线再次向北延长，成为奥林匹克公园的轴线。东边建造了国家体育场"鸟巢"，西边则是国家游泳中心"水立方"。再向北，穿过奥林匹克公园，到达奥林匹克森林公园，以公园内的仰山为终点。

[3] 周尚意：《城市地标景观与城市文化》，《北京文化发展报告·2005》，文化艺术出版社 2005 年版。

连接遗产点历史道路的遗产构成要素，确定四个层次遗产保护区划。

如果将中轴线视为北京城的脊梁，那么东西城就是它的两翼。

3. 规则性：

北京城市格局的规则性表现在街巷的横平竖直，坊巷的规格划一和房屋样式的如出一辙。

这种规整格局的形成源于中国人的宇宙观。在古代中国人的观念里，"天圆地方"是宇宙的基本框架和形态。反映在都城建设中，除天坛之外，绝大多数都城的格局都是方形的。北京尤其如此。宫城、皇城、内城、外城，方方正正。点缀在街道里巷中的是大大小小规模不同，但同样方方正正的四合院。整个城市如一个大的棋盘，一个以街巷为骨架，以坊为单元，以胡同为纽带的经平纬直、方正规整的棋盘式街巷胡同格局。在这个棋盘上，将、相、士、卒各就其位，城市生态呈现出面相丰富而层次分明的特征。当初至元大都的马可·波罗登城站在城门上，"朝正前方远望，便可看见对面城墙的城门"。[①] 他眼前的棋盘上被街道分割出规则的一块块小长方形，这便是所谓的"坊"。大都共 50 个坊，各有

[①] 马可·波罗《马可·波罗游记》，梁生智译，中国文史出版社 2011 年版，第 112 页。

其名。这些名字主要取自《周易》《尚书》《孟子》《左传》等，它们或以教化为指向，如里仁坊、乐道坊、居贤坊、思诚坊、迁善坊等，或透出浓浓的文化气息，如惠文坊、月照坊、鸣玉坊等，或标示其地形方位，或说明其职业生态与民族构成，不一而足，又浑然一体。到了明代，都城被分为中城、东城、西城、南城和北城五个分区、33个坊。而到了清代，由于实行旗、民分治策略，北京的内城成为八旗专有地盘，汉人一律迁居外城。内城大街二十四步阔，小街十二步阔，火巷384条，胡同29条。内城八旗又各有方位："镶黄正黄旗居北方，正白镶白旗居东方，正红镶红旗居西方，正蓝镶蓝旗居南方。左翼自北而东，自东而南，镶黄旗在安定门内，正白旗在东直门内，镶白旗在朝阳门内，正蓝旗在崇文门内；右翼自北而西，自西而南，正黄旗在德胜门内，正红旗在西直门内，镶红旗在阜成门内，镶蓝旗在宣武门内。"[1]各旗内部又依满洲、蒙古、汉军八旗旗分的不同，以参领及其下属佐领为单位，对各自居址进行详细划分。以正蓝旗为例："正蓝旗满洲、蒙古、汉军三旗，与镶白旗接界之处，系自单牌楼至崇文门，由金水桥向东，至大城根。满洲官兵自镶白旗接界处，由长安街牌楼向西，进东长安门，至金水桥，为头参领之十六佐领

---

[1] 乾隆官修：《清朝文献通考》第二册，卷一七九，兵一，考六三九三，浙江古籍出版社2000年版。

居址。自新街南口至北口，为二参领之十七佐领居址。自宗人府向南，户部周围，至白玉河桥，为三参领之十七佐领居址。自白玉河桥至洪厂胡同北口，为四参领之十七佐领居址。自（原缺）胡同向北，至长安街牌楼，为五参领之十七佐领居址。蒙古官兵自单牌楼至崇文门，为头参领之十五佐领居址。自江米巷东口至（原缺）胡同，为二参领之十四佐领居址。汉军官兵自单牌楼观音寺胡同向东，至举场西门，为头参领之六佐领居址。自羊肉胡同西口向东，至水磨胡同，为二参领之七佐领居址。自裱褙胡同西口至东口，为三参领之五佐领居址。自苏州胡同西口向东，至马皮厂北口，为四参领之六佐领居址。自船厂胡同西口向东，至马皮厂胡同南口，为五参领之七佐领居址。"[1] 八旗"自王公以下至官员兵丁，给以第宅房舍，并按八旗翼卫宸居。其官司、学舍、仓庾、军垒，亦按旗分，罗列环拱"[2]。中间皇城城区（天安门、南池子皇城墙以北，地安门东、西大街以南，东皇城根以西，西皇城根以东地区）则归内务府三旗居住。

北京城市格局的规整也是高度发展的封建中央集权的物化形态。建筑等级实际上意味着社会等级的构成，

---

[1] 吴长元：《宸垣识略》卷十，北京古籍出版社1983年版，第79页。

[2] 《八旗通志》（初集）卷二十三，东北师范大学出版社1985年版，第429页。

朱剑飞将二者结合，提出了"社会空间地位"的概念。他认为，北京是包含了一个等级体系的完整工程，每一层都有自己的社会空间地位，自己的空间位置，以及自己的形式化布局特点。这个等级体系由五级构成：集中于宫殿的皇帝层；集中于南部和东南的政府机构层；位于都城其他地方的贵族层（集中于东部）；位于外城的商业与工匠层；以及散布于郊外的乡野层。[1] 因此，中国古代都城格局不仅反映了城市的日常运转需求，更反映了专制集权国家政治经济体制运转的结构性需求，阶级、种族等层级关系都在城市的街衢巷陌中得到了鲜明的体现。德国学者埃利亚斯·卡内提曾指出了宫廷聚合大众的机制：一方面，富丽堂皇的宫廷吸引着君主所统治的居民；另一方面，首都围绕着宫廷而建，屋宇建筑则成为一个"典型的效忠模式"，故而通过宫廷和首都把动机各自不同的人们凝聚到一起。[2] 可以说，五朝都城时期的北京非常典型地反映了这种效忠式的社会形态。在管理者的视野中，城墙与城墙重重相套，胡同与坊巷泾渭分明，本身就是尊卑秩序的体现。

---

[1] 朱剑飞：《中国空间策略：帝都北京（1420—1911）》，诸葛净译，生活·读书·新知三联书店2017年版，第108页。

[2] ［德］埃利亚斯·卡内提：《群众与权力》，冯文光、刘敏、张毅译，中央编译出版社2003年版，第283页。

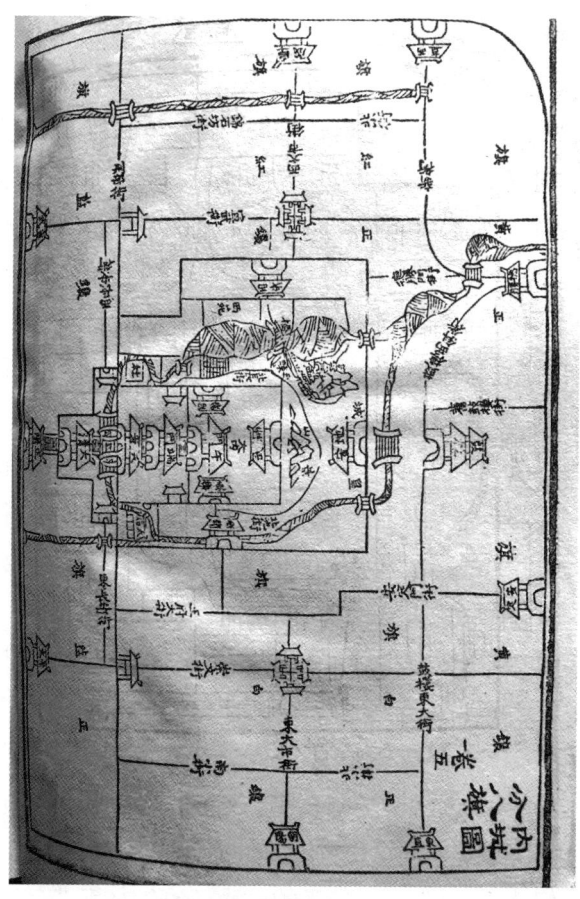

第三章　中正庄严的首善气派　　113

清代北京北城八旗分布图①

在环绕中心、方正规整的城市空间中，居民日常社会文化生态也呈现出不偏不倚、井然有序的市井特征。

---

① 吴长元：《宸垣识略》卷首，北京古籍出版社1983年版。

元明清时期北京居民的居住空间为四合院。四合院的一个特点,是通过空间方位的安排配置来贯彻中国传统儒家文化当中"礼"的观念,体现了伦理制度中的上下尊卑。"礼别异,卑尊有分,上下有等,谓之礼",弘扬礼教是四合院的房间和院落功能布局设计的指导思想和基本原则。四合院有不同的"标配",从门的类型样式、院落的大小格局、玄关处的屏风或砖雕设计,到房间的门窗款式、家具配置乃至一个小小的门环,都有很大的不同,同时又遵循着共同的伦理。同在一个四合院里,各个房间由谁使用是由这个院子成员的身份决定的,但院子中间又有一个共同的庭院,作为所有成员交往沟通的公共空间。它充分体现了中国式家庭关系的巧妙:威严与亲切、刻板与圆融恰到好处地交汇在一起,和谐而有秩序。而走出这个四合院,这个家族的联系就通过胡同、街道、市场、官署渗透到城市的每一个器官,形成整座城市的一个有机组成部分。

当然,从城市的本质来讲,它首先是政治空间,其次才是社会文化空间。这在首都体现得尤为明显。作为"皇帝的权力之眼",[1] 首都的一切经验中都带有政治文化的影子。城市生活体验凸现出一系列深刻的矛盾性:它既是天堂,又是地域;既是最安全的地方,又涌动着

---

[1] 朱剑飞:《中国空间策略:帝都北京(1420—1911)》,诸葛净译,生活·读书·新知三联书店2017年版,第28页。

最危险的原始冲动；既是人们欢乐和自豪的所在，又是人们恐惧和忧虑的根源；既是文化的创造者，又是文化的再现体——不仅高耸于城市空间的皇权景观、建筑和纪念碑等，都嵌入了帝国的规范和价值观。

第四节　错落有致的文化生态

在北京的文化地图上，不仅宫廷文化、士大夫文化、平民文化交相辉映，而且长城文化、运河文化、西山文化带状并陈，构成丰富多彩、错落有致的文化生态。

带状分布是北京文化空间布局的另一个重要特征。在旧城中，最重要的文化带即中轴线文化带。而在北京郊区，文化的带状分布亦非常突出。《北京城市总体规划（2016—2035）》提出了"三个文化带"的概念，即：长城文化带、运河文化带和西山文化带。其中，长城文化带是一道北京城市的安全屏障和长城内外多民族经济、文化交流的走廊；运河文化带是历史上北京资源补给的大动脉，乃至有人将北京称为"漂来的北京城"；西山文化带则是北京多元文化的陈列和展示带，这里不仅风景秀丽，更聚集了各色文化生态，堪称北京古都文化的一道独特风景线。

1. 长城文化带

长城文化带指以长城遗迹为依托而形成的自然生态

和文化要素带。中国历代长城遗迹总长 21196.18 千米，其中明长城长 8851.8 千米，俗称"万里长城"，不仅是最雄伟的中国古代文化遗存，也是中华文明的符号，很早就在世界上享有盛名。作为最先将中国的富庶、文明形象传播到西方的书籍，《马可·波罗游记》一书一度在西方世界引起了巨大的轰动，但后来其真实性也广受质疑。有人甚至推测马可·波罗本人从未来过中国，其依据便是该书中竟没有提到雄壮奇伟的万里长城的存在。

1900 年的长城

北京地势险要，又处于草原文化、农耕文化与森林文化交汇的枢纽地带，军事地位举足轻重，经济贸易联系异常频繁和发达，因而其域内长城的地位尤为突出。

明代《长安客话》中谈到八达岭云:"路从此分,四通八达,故名八达岭,是关山最高者",其实,北京长城上重要的关隘和关口不在少数。北京域内长城现存总长度为573千米,约占长城总长度的四十分之一。据史料记载,北京的长城始建于北齐,大部分修建于明代。①从地理位置来说,北京段长城东起平谷,西至门头沟途经北京六区,从东到西横跨平谷、密云、怀柔、延庆、昌平、门头沟6区36个乡镇,沿线有800多座敌台烽燧,71个关口,8座营盘,是整个长城沿线保留相对最完整形制最美气象最大的一段。长城也是京津冀联动的枢纽,红石门段长城上有一座著名的敌楼,是明长城东向西进入北京的第一个敌楼,敌楼之上有一块京津冀三地界碑,俗称"一脚踏三省"。

特别需要注意的是,北京在历史上长期作为中原政权的屏障,尤其长城不仅作为安全保卫线,更作为一种心理隔离物,"将内部的中国空间与外部的非中国空间隔离开来,内中国而外蛮夷",②成为一种承载家国悲欢和民族命运的叙事书写载体。北京不仅经历了多朝"国

---

① 目前北京域内长城共包括北齐、明代等历史时期修筑或使用的长城墙体及附属设施共计2356处,其中北齐长城遗存24处,其余为明长城遗存。参见汤羽扬,刘昭祎:《北京长城保护规划编制的思考》,《中国文化遗产》2018年第3期。

② 李嘉瑜:《上京纪行诗的"边塞"书写——以长城、居庸关为论述主轴》,《台北教育大学语文集刊》2008年第14期。

都"的变化,而且先后成为汉族、蒙古族、满族政权的首都,其对于"国家"和"民族"的理解较之其他地方,更为深刻,而这种理解,烙刻着中华民族多元一体进程的印记。仍以长城为例。元代统一后,长城作为中华民族边界以及王朝"边塞"的意义迅速消失。于是,关于长城的书写发生显著变化。以当时的"上京纪行诗"为例,随扈出行的文人墨客们在面对长城的时候,虽然映入他们眼帘的依然是熟悉的寒燕、飞沙、古塞与长城,但"置身在这不再属于边塞的边塞之上,上京纪行诗的作者们失落的不只是一条消失的国界,也失去了想像的敌人。"[1] 在边塞诗中,长城及其关隘一向作为"边塞最具象征意义的空间表征"[2] 而存在。如唐代诗人李希仲在《蓟北行》中写道:"一身救边速,烽火通蓟门。……当须徇忠义,身死报国恩。"而随着北京成为少数民族政权首都,长城所在的居庸关得到了重新书写。从"北风号蓟门,杀气日夜兴","莫言关塞极,云雪尚漫漫",转向以帝王旅行化成天下的荣耀:"在昔恃险隘,当关守千夫。一朝天马来,严崿成康衢"。近代以来,长城更成为中国、中华民族的代表和象征,成为国家民族安危存亡的象征。可以说,长城语义的变化反映了中华民族发展的进程,与这种语义变化伴随而来的是

---

[1] 李嘉瑜:《上京纪行诗的"边塞"书写——以长城、居庸关为论述主轴》,《台北教育大学语文集刊》2008年第14期。

[2] 同上。

北京视野下中华图景的变化，是国家、民族的重新定位和爱国主义的重新建构，也是北京地域文化的一次升华。

2. 运河文化带

南北大运河贯通江南和华北，绵延3500多公里，不仅是中国历史上一条南北经济大动脉，更是一条文化风景线和流通带，在政治和生态等方面也发挥着重要作用，故有学者称其为"政治国脉、历史文脉、经济动脉、社会命脉和生态水脉"。[①]

京杭大运河发轫于隋代。但早在东汉末年，曹操即在白河沟的基础上开凿平房、泉州二渠，贯通京津冀地区。三国时期，曹操又开凿新河运渠、利漕渠、白马渠及鲁口渠，沟通了以洛阳为始，北至天津附近的白沟、平房渠与泉州渠，使京杭运河北京段粗具规模。至隋代，从隋文帝到隋炀帝先后用20余年时间，在已有的运河及天然河流基础上，先后开凿通济渠、永济渠，重修江南运河，从而修建完成了以国都洛阳为中心，北抵河北涿郡、南达浙江余杭的大运河。永济渠的开通，使得蓟城（今北京）这座封建皇朝之下的北方军事重镇成为隋炀帝用兵辽东的桥头堡，而隋军军械、物资、粮食等等则源源不断地通过永济渠"漂"向蓟城。这不仅将幽

---

① 郗志群：《北京大运河"五脉"：独具魅力的文化符号》，《北京日报》2017年12月25日。

清末大运河风貌

州地区（今北京地区）和中原及南方地区联系在一起，而且为北京城历史地位的抬升和后来发展成为全国首都起到了重要的推动作用。

辽金时期，"幽州从一个军事重镇和北方地区的政治中心开始向统一王朝的首都转变，运河的规模和功能也随着发生了重大变化。"[①] 经过这一时期的河道整治和改造，使得连接北京城和南北大运河的工程有了开端。

---

① 郗志群：《北京大运河"五脉"：独具魅力的文化符号》，《北京日报》2017年12月25日。

第三章 中正庄严的首善气派

而到1153年，海陵王完颜亮正式定都燕京，改称中都后，因为其都城人口和居民消费量增加，使得物资需求量急剧增加，在这种背景下，有了金口河的出现，但是由于设计处置的不当，金口河并没有发挥持久的效用，在经过几次大险之后，河道便随之废弃了。直到元朝时，由于大都供给大多仰仗江南，元政府不得不在隋唐大运河的基础上，进一步裁弯取直，形成后来的京杭大运河。在这一过程当中，由时任都水监的杰出水利专家郭守敬设计主持修建的通惠河，"导引温榆河上源诸泉之水济漕，引昌平白浮泉水西行，从上游绕过沙河、清河谷地，循西山麓转而东南，沿着平缓的坡降，汇集沿山泉流，聚入瓮山泊；再从瓮山泊扩凌长河、高粱河至义门（今西直门）水关入大都城，汇入积水潭内；然后从积水潭出万宁桥，沿皇城东墙外南下出丽正门东水关，转而东南至文明门（今崇文门以北）外，与金代的闸河故道相接，下至通州高丽庄入白河（即潞水，今北运河），全长200余里。"[①] 至此，南北大运河算得上是真正贯通南北的京杭大运河了，并一直充当着元明清三代的主要经济命脉，都城北京的生命线。

运河对于北京来说，不仅仅是一条输送物资供给的

[①] 袁行霈、陈进玉、戴逸等主编：《中国地域文化通览·北京卷》，中华书局2013年版，第419页。

经济生命线，而且由于大运河在五大水系之间所架起的文化沟通桥梁，再加上北京作为首都的强大文化辐射和聚合功能，京杭大运河对于北京来说又是一条独具特色的文化线。在千余年间运河的影响下，北京形成了独具特色的北京运河文化。"北京运河文化的形成和发展，与京杭大运河的开通、繁荣互为表里。"[1] 这种运河文化特色在北京的显现，以元朝为始。元代时，伴随通惠河的开通和积水潭码头的建设，围绕运河沿岸形成了元大都的经济文化中心，以水运特征为特色形成了交融南北特色、汇合四域文明的商业街市和文化盛景。此时所孕育的一些文化风貌和文化物质，至今仍有保留和影响，如现今地安门至鼓楼一带的传统商业格局、什刹海周边的码头水市风貌一直延续至今，而白浮泉及其引水渠、通惠河水道（包括城中段的玉河等）、坝河、沿河附近的仓场（南新仓、神木仓等）、闸坝（广源闸、庆丰闸等）、码头（高碑店、张家湾）等，都是留存至今的元代大运河物质文化遗产；除此之外，元代北京大运河的非物质文化遗产（包括漕渠名称、相关地名、漕运制度及管理方法、水利技术及前人的经验、智慧、相关历史人物及其历史文献、习俗、俚语、民间文艺、传说故事等）也是丰富而深厚的，有些保存到现在一些仍很具有

---

[1] 袁行霈、陈进玉、戴逸等主编：《中国地域文化通览·北京卷》，中华书局2013年版，第420页。

生气和活力。如在以大都为中心所形成的"大都杂剧派",在元定都于大都以后,大都便成为元杂剧的中心和元曲和杂剧作家的集聚地,他们长期在大都生活和创作,并且借助大运河而融汇南北文化因子,使得其所创作的元曲与杂剧等更为丰富多彩,至今所流传下来的《窦娥冤》《拜月亭》《崔莺莺待月西厢记》《破幽梦孤雁汉宫秋》《赵氏孤儿》《潇湘雨》等仍是大众所喜爱的文化大餐。除此之外,在北京的地名中仍能感受到当年元朝大运河世代所留下的历史痕迹,如积水潭、什刹海、西坝河、后门桥等至今仍为原名。北京运河文化的意义还凸显在大都文化的向外辐射和传播方面,大运河开通后,除本国人员之间的来往交流以外,外国商人、传教士、旅行者等也在内地游历,尤其是元大都成为他们向往的目的地之一。在他们游历中留下不少关于大都的记载,比如《马可·波罗游记》中不仅介绍了大都繁盛的商业景象,而且细致地描绘了一些宫殿建筑、城墙的构造、宫廷仪式、宴会、节日庆典及狩猎活动等;《鄂多利克东游录》中用很多篇幅介绍了元大都及朝廷的情况,并保存了许多有价值的运河文化史料;柏朗嘉宾从中国回罗马后著的《蒙古行纪》和鲁布鲁克著的《鲁布鲁克东行纪》对于元大都的情况都做了一定的描述。此外,这些欧洲传教士大多沿运河而来,带来了欧洲的宗教与文化,这在一定程度上也丰富了北京的运河文化。

到了明清时期,北京运河除了在进一步扩建和修缮河道、码头等设施和陆续建立包括漕运总督、漕运组织、漕粮制度和仓储制度等在内的一套完整的漕运制度体系以外，还在通惠河沿岸形成了独具京城运河文化特色的魅力风光和热闹市景，直到如今高碑店附近的庆丰——郊亭二闸间水面高阔，风光秀丽，仍是京城百姓消闲游玩的好地方，并且高碑店的娘娘庙每年都会有盛大的民俗盛会。而在文化方面更为重要的是，北京是科举士子们举行会试的地方，参加会试的不少人就是沿运河从水路抵达京城的。这些文人士子在来京和居京的过程当中，留下了许多关于京城运河自然风光、风景名胜以及地理风物等方面的诗歌游记，如袁中道就曾写下许多关于北京的游记和记游诗；史学家谈迁的《北游录》里，留下了他当年在京城期间拜访藏书之家、考察文物古迹、寻找明代史料的足迹，书中有好多涉及运河沿线天气变化、河面封冻与解冻日期、北京西山的动植物状况以及北京士绅文人游活动等方面的记载，这不仅仅是我们研究北京在明清时期环境变迁的重要资料，还是当时京城文化生活的一面镜子。而在明清时期通过大运河来往于京城的文人墨客像袁中道和谈迁之类的，应该说是不计其数，他们关于京城运河文化的华美篇章亦十分丰富。这些都是北京运河文化中的宝贵遗产，而与京城运河文化有关的遗迹如张家湾、西城区的什刹海周边遗迹、朝阳区通惠河沿岸的仓场、闸坝、码头遗址等，以及它们与水利文献和科技成就、法律典章与治河经验、历史人物事迹及其思想、民俗民谣等，形成了具有北京特色的运河文化。这些不仅是历史的，而且是当今的和未来的，对于当下北京致力于古都建设，挖掘历史文化资源潜力具有十分重要的意义。除此之外，古都北京的建造与大运河密不可分，很多建筑材料都是通过大运河远途运来，建造北京城的很多工匠亦通过运河来到北京。实际上，北京城的好多事物都深深地打上了运河文化的烙印，如当时京城的手工业、商业的发展以及会馆的出现等。传统上的北京大运河虽由于清代铁路的兴起而逐渐被取代，运河文化也走向衰落，但是运河文化所展现的那种内在的价值已经融入到京城民众的心里，并流淌在他们的血液里。

3. 西山文化带

西山是对北京西部山地的总称，居太行之首，自古号称"神京右臂"，在北京城西北形成一道既险且秀的天然屏障。西山文化带是指西山北以南口附近的关沟为界，南抵房山拒马河谷，西至市界，东临北京小平原的广大区域，几乎占据了北京市总面积的17%。

"西山文化带"可以称为北京乃至中华民族历史的一条文化长廊，它有三个鲜明特征：一是延续时间长，覆盖了从史前至当代漫长的历史时期；二是文化遗产和风景名胜区众多，文物保护单位级别高，包括世界文化遗产、国家级、市级等各级文物保护400余处；三是文化形态多样，包括以周口店龙骨山猿人遗址、琉璃河西周燕都遗址为代表的考古文化，以清代"三山五园"为代表的特征鲜明的皇家文化，以潭柘寺、大觉寺、龙泉寺为代表的历史悠久的宗教文化，以妙峰山为代表的传统民俗文化，以景泰陵为代表的陵墓文化，以清华、北大为代表的高等教育文化，以长辛店、香山双清别墅等革命史迹为代表的红色文化，以贝家花园、圣琼佩斯故居、林迈可小道为代表的中外交流文化，以及传统村落古道文化、园林古建文化、军事防御文化、民族融合文化、农业休闲文化等。其中，以清代"三山五园"为代表的特征鲜明的皇家文化，以潭柘寺、大觉寺、龙泉寺为代表的历史悠久的宗教文化，以妙峰山为代表的传统民俗文化，以曹雪芹、纳兰性德故居为代表的名人文化，以永定河为代表的山水生态文化等都是北京古都文化的重要组成部分，体现了古都文化的特色。

以"三山五园"为例。这一大规模园林建筑群不仅规模远迈前代，而且集中体现了北京园林建筑的最高水平。北京西郊不仅秀峰并起，而且拥有玉泉山和万泉河两大水系，成为建筑皇家行宫别苑的风水宝地。因此，素习"弓马骑射"的满族皇室入关后，从17世纪起，便开始在这里营建皇家园林，历经康熙、雍正、乾隆三朝，最终完成"三山五园"的皇家园林建设。

"三山五园"博采众长，不仅吸收了游牧民族的特色，更大力引进江南私家园林的造园艺术，并汲取欧式园林建筑体系的特点，呈现出多民族文化融合、南北兼收并蓄、中西混融一体的特点。在乾隆皇帝六下江南的过程中，他往往命随行画师将园林设计之巧之佳者绘图保存，以便回来后参考。甚至在"三山五园"中"高仿"南方园林，如仿海宁陈氏园建圆明园的安澜园，仿江宁瞻园建长春园内的茹园，等等。畅春园的西洋楼建筑群则是中西合璧的典范。西洋楼约建于1747—1760年间，由意大利画师郎世宁、法国传教士蒋友仁、法国书画名家王致诚等共同设计监修。其建筑形式主要采用的是欧洲文艺复兴后期的意大利巴洛克风格，造园形式也以欧式传统勒诺特风格为主，但融入了一些中国园林建造的传统手法；建筑形式和材料选用上，既有欧式拱券、彩色玻璃和铁花大门，也有中国风的重檐屋顶、五彩琉璃和砖雕花饰。更为有趣的是，曾经一度被误认为西洋人创作的"圆明园西洋楼二十景图"经多方考证，其作者乃满族宫廷画家伊兰泰。

第四章　雍容博大的帝都气象

在近代中国的城市舞台上，北京与上海演绎了一出绝妙的"双城记"：它们成为城市视野中不遑他让的两大焦点，不仅吸引了大量的"北漂""上漂"，而且成为众多文学作品抒写的对象。两座城市"显示出极为不同的历史景观与城市气质，它们一个接近传统一个更加摩登，一个是政治中心一个是商业都会，一个幽闲清妙一个光怪陆离，一个拥有六百多年皇朝故都的雍容气派，一个周身充满了资本新贵的得意与自信。"[1]

在中国城市群落中，北京最卓然不群的一点，就是它的帝王气象或称皇家气象。这种气象不仅让"进京"或"上京"带有了一番朝圣的敬畏，也让置身此地的人生发出创造历史的冲动，其文化人格的养成与道德观念的孕育也往往在不经意间受到帝都环境的影响。

---

[1] 刘勇、许江：《20世纪中国文学进程中的"北京"》，《北京师范大学学报（社会科学版）》2009年第3期。

第四章　雍容博大的帝都气象

第一节　雍容华贵的皇家气派

古都北京的皇家气派，主要体现在其宫廷文化的盛大绮丽及其对都城文化的深刻影响。宫廷文化是指帝王、皇室以及为皇室服务的有关中央朝廷范围内的文化，其内容大体包括宫室制度、宫廷典章制度、宫廷文化教育活动，以及内廷宗教活动、娱乐和生活习俗等。

"从来立国者必首隆庙社之规，崇建阙廷之制。"[①]庙社之规与阙廷之制既是封建帝王权威的必要体现，也是王朝体制的核心内容。庙社指祖庙和社稷坛。华夏民族是一个以祖先崇拜为特征的民族。在我国，祭祖传统渊源甚早。据推测，早在山顶洞人时期，就已经形成了简单的祭祖仪式。至商周时期，祭祖成了一项贯穿于上至国家兵戎大事下至庶民日常生活的活动。天子、诸侯祭祖的地方称宗庙、太庙或祖庙。皇帝即位时，必至宗庙拜祖先、会群臣、受印玺，称为"庙见"。凡国之大事，天子也必到宗庙祭告，以求庇佑。社稷指土地神和五谷神。关于社稷之祀的由来，《明史》中有详细记载：

按《通典》，颛顼祀共工氏子句龙为后土。后

[①] 于敏中等编纂：《日下旧闻考》卷九，北京古籍出版社1983年版，第127页。

土,社也。烈山氏子柱为稷。稷,田正也。唐、虞、夏因之。此社稷所由始也。商汤因旱迁社,以后稷代柱。欲迁句龙,无可继者,故止。然王肃谓社祭句龙,稷祭后稷,皆人鬼,非地祇。而陈氏《礼书》又谓社祭五土之祇,稷祭五谷之神。郑康成亦谓社为五土总神,稷为原隰之神。句龙有平水土功,故配社,后稷有播种功,故配稷。二说不同。汉元始中,以夏禹配官社,后稷配官稷。唐、宋及元又以句龙配社,周弃配稷。此配祀之制,初无定论也。至社稷分合之义,《书召诰》言"社于新邑",孔注曰:"社稷共牢。"《周礼》"封人掌设王之社壝",注云:"不言稷者,举社则稷从之。"陈氏《礼书》曰:"稷非土无以生,土非稷无以见生生之效,故祭社必及稷。"《山堂考索》曰:"社为九土之尊,稷为五谷之长,稷生于土,则社与稷固不可分。"其宜合祭,古有明证。请社稷共为一坛。至句龙,共工氏之子也,祀之无义。商汤欲迁未果。汉尝易以夏禹,而夏禹今已列祀帝王之次,弃稷亦配先农。请罢句龙、弃配位,谨奉仁祖淳皇帝配享,以成一代盛典。遂改作于午门之右,社稷共为一坛。[1]

---

[1] 张廷玉等:《明史》卷四十九志第二十五,礼三(吉礼三),清乾隆武英殿刻本。

社稷很早即成为国家的代称。如《毛遂自荐》中楚王曰:"诚若先生之言,谨奉社稷以从。"孟子曰:"民为贵,社稷次之,君为轻。"其中"社稷"一词均代指国家。庙社既然代表国家,帝王到庙社祭祀就象征着其地位和权力的合法性。《周礼》"前朝后市,左祖右社"正是对庙社地位的彰显。对于明清太庙及社稷坛祭仪之隆,时人多有描述。如尤侗纪太庙祭祀诗云:"祖德开基远,宗功创业宏。显承三后配,享祀四时成。禴祭宜昭告,斋居致洁诚。诹辰逢今日,辨色讶新晴。肃肃銮舆转,骎骎羽骑行。千官趋剑佩,百辟拜簪缨。仙仗排空净,炉香入座清。尊彝陈酒醴,俎豆荐粢盛。舞按咸池节,歌谐仲吕声。皇哉通陟降,允矣格幽明,肝向纯礼集,居歆景福并。嵩呼称万岁,四海乐升平。"① 张湄《春社齐宿台中诗》云:"瑶坛紫气接宸居,拂拂条风起蛰初。六府养民先土榖,千官从祀肃簪裾。"②

宫阙则是帝王办理朝政和生活的地方,所谓"非巨丽无以显尊严,非雄壮无以威天下",因此,宫阙的建设不仅要雄伟壮丽,更要体现君王文化的奥义。据记载,辽南京"高殿广宇","有宫阙井邑之繁丽",③ 但其时

---

① 吴长元:《宸垣识略》卷三,皇城一,北京出版社2005年版,第42—43页。
② 吴长元:《宸垣识略》卷三,第43页。
③ 于敏中等编纂:《钦定日下旧闻考》卷五,北京古籍出版社1983年版,第75页。

毕竟是陪都，无论恢宏程度还是文化内涵不仅不能与其后几朝相媲美，甚至与汉唐亦不可同日而语；至金中都时期，"宫阙壮丽，延亘阡陌，上切霄汉，虽秦阿房，汉建章不过如是"。①；至元大都时期，则"筑崇墉之万雉，若缭山之长云。浚三五之折沟，建十一之通门。齐埤堄于翠微，倚丽谯于苍旻。豁崇期之坦路，浮广漠之祥氛。车方轨而并进，骑衡列而齐奔。辔连翩以飙驰，轴鞠磕而雷震。爰取法于大壮，盖重威于帝京。揭五云于春路，呀万宝于秋方。上法微垣，屹峙禁城。竦五门之高阙，拔埃壒而上征。""四极之内，是不一都，惟今大都为独隆。""称其都邑之壮，则崤函不为雄，京洛不为尊也"。② 到了明清，北京城则宫廷之壮丽，宫室制度之隆盛诚无出其右者。李时勉《北京赋》云：③

若夫其宫室之制，则损益乎黄帝合宫之宜，式遵乎太祖贻谋之良，居高以临下，背阴而面阳。奉天凌霄以磊砢，谨身镇极而峥嵘。华盖穹崇以造天，俨特处乎中央。上仿象夫天体之圆，下效法乎坤德

---

① 于敏中等编纂：《钦定日下旧闻考》卷二十九，清文渊阁四库全书本。

② 李洧孙：《大都赋》，于敏中等编纂：《日下旧闻考》卷六，北京古籍出版社1983年版，第89页。

③ 于敏中等编纂：《日下旧闻考》卷六，北京古籍出版社1983年版，第91—92页。

第四章 雍容博大的帝都气象

之方。两观对峙以岳立，五门高矗乎昊苍。飞阁兀以奠乎四表，琼楼嵬以立于两旁。庙社并列，左右相当。东崇文华，重国家之大本；西翊武英，俨斋居而存诚。彤庭玉砌，璧槛华廊。飞檐下啄，丛英高骧。辟闾阖其荡荡，俨帝居于将将。玉户灿华星之炯晃，璇题纳明月而辉煌。宝珠焜耀于天阙，金龙夭矫于虹梁。藻井焕发，绮窗玲珑。建瓴联络，复道回冲。轶霄汉以上出，俯日月而荡胸。五色炫映，金碧晶荧。浮辉扬耀，霞彩云红。其后则奉先之殿，仁寿之宫。乾清坤宁，眇丽穹窿。掖庭椒房，闺闼闼通。其前则郊建圜丘，合祭天地。山川坛壝，恭肃明祀。至于五军庶府之司，六卿百僚之位。严署宇之齐设，比馆舍而并置。列大明之东西，割文武而制异。至于京尹赤县之治所，王侯贵戚之邸第。辟雍成均，育贤之地。守羽林而掌佽飞者，至九十而有四卫。莫不井列而碁布，各雄壮而伟丽。其岩廊之上，则有皋夔稷契之伦，元凯俊乂之辈，相与赓虞廷之歌，谈羲农之际。罄补衮之能，怀忠贞之志。考礼文于大备，赞声乐之尽美。是以朝无缺政，德教渐暨。薄海内外，均陶至治。

另外需要指出的是，宫廷虽然是一个壁垒森严、封闭神秘的空间，但同时它又是都城的一个核心部分，因此，它不仅参与了都城物理空间的建构，更对都城社会文化的发展发挥着极其重要的作用。

一方面，皇家日常器物、生活资料大多来自都城。其采买行为不仅在很大程度上影响着京城物资生产的种类和结构，而且对京城消费时尚具有很强的引领和示范作用。明清时期，宫廷日常用品大多从本地采买。皇城虽设置大量为宫廷提供用品的机构，如内织染局、巾帽局、针工局、皮房纸房、酒醋面局，等等。但并非所有内廷用品制造机构都设在皇城，如丰台花乡为宫廷贡花，琉璃厂为宫廷烧造五色琉璃瓦等。还有一些机构虽设在皇城，但在皇城外设外署工厂，如内织染局在朝阳门外和都城西部（今蓝靛厂一带）均设有外厂。

另一方面，宫廷生活和文化的"外溢"对都城文化产生了很大的影响。尽管对老百姓而言，极尽侈丽的宫室空间极难涉足，宫室内的制度、生活也异常遥远而神秘，但在一些特殊的日子和特殊的皇室活动中，人们得以窥见宫廷文化的蛛丝马迹并目睹和感受到皇家气象的不同凡响。

每到皇帝外出巡幸、视察陵寝、郊祀等活动的时候，都会浩浩荡荡开出皇宫，所过之处，居民亲见皇家威仪，虽不能至，心向往之。宫廷养象是明清时期皇家仪仗非常有特色的一部分。每到夏天三伏之日，锦衣卫（明朝）或銮仪卫（清朝）便引导大象到宣武门洗浴。"城下结彩棚，仪官公廨监浴，都人于两岸观望，环聚如堵。"上驷苑则在积水潭浴马，"岸边柳槐垂荫，芳草为

第四章 雍容博大的帝都气象

茵,都人结侣携觞,酌酒赏花,遍集其下。"① 在京城的东部、南部都有自元至清供皇帝行猎的海子;北部、东部则分布着明清帝王陵寝;西部、北部则是皇家大规模开发的园林。帝王生前或去祭拜祖陵,或去视察山陵工程,平时由各陵神宫监管理,各陵卫军保卫。在西郊园囿,不仅有八旗护军及其家属、园户、匠役人家,还有随侍圆明园的大臣贵胄的住宅。连接畅春园的苏州街,"两行列肆,全仿苏州。旧传太后喜苏州风景,建此仿之。"② 如今日的通州区,是大运河的终点,这里不仅有旅店酒楼、仓库茶肆,还有许多皇室或贵族官员开设的商店当铺。宗室皇亲虽住在宫禁之外,但不时出入宫廷,对宫廷文化了解较多,他们在市井之间,也无形传播着宫廷文化。

另外,在宫廷文化的影响下,北京形成了"君民同乐"的独特岁时风俗。每年正月十三至十七,谓之灯节。"每至灯节,内廷筵宴,放烟火,市肆张灯",③ "又有好事者,于灯月之下,为藏头诗句,任人揣测,谓之'灯谜',俗曰'灯虎'。此五夜,凡通衢委巷,灯光星布珠悬,皎如白昼,喧阗彻旦,人家铺肆,笙乐歌吹。

---

① 潘荣陛:《帝京岁时纪胜》,北京出版社1961年版,第22—23页。
② 震均:《天咫偶闻》,北京古籍出版社1982年版,第200页。
③ 《燕京岁时记》,录自李家瑞:《"中研院"历史语言研究所专刊之十四:北平风俗类征》,商务印书馆1937年版,"中研院"历史语言研究所1992年影印本,第27页。

市食则蜜食糖果，花生瓜子，诸品果蔬。王孙贵客，士女儿童，倾城出游，谓之'逛灯'。车马塞途，几无寸隙。茶楼则低唱高歌，酒市则飞觞醉月，笙簧鼓乐，喝彩狂呼，斯时，声音鼎沸，月色灯光，而人不觉为夜也。"[1] 其中，十五日谓之正灯，宫廷内外，最为欢腾。灯市期间，赐百官假日若干，俾携家观灯逛市，以彰圣恩。

第二节 高远博大的帝都胸怀

有史以来，中华民族历经四次大融合：第一次是从春秋战国到秦，第二次是从两汉魏晋南北朝到隋唐，第三次是从辽金元到明，第四次是从清至今。北京建城以来，不仅见证和参与了四次民族大融合，更成为后两次民族大融合的集中缩影。北京地区民族的大汇聚，文化的大融合，形成了典型的多民族文化交融景观。这一特点是中国其他大城市所不具备的。同时，北京的民族融合又具有自己的节奏和特点。依据北京民族融合的规律及其北京在中华民族融合中的地位和角色，可以分为以下四个阶段：

---

[1] 《京都风俗志》，录自李家瑞：《"中研院"历史语言研究所专刊之十四：北平风俗类征》，商务印书馆1937年版，"中研院"历史语言研究所1992年影印本，第26—27页。

第一阶段（先秦时期）：华夏文化的孵化器和辐射源

先秦时期是中华民族主体——汉族前身华夏族从多元形成一体的重要时期，也是"中华民族多元一体"格局的起点。在这一时期，北京一方面充当了华夏文化孵化器和辐射源的主要角色，另一方面又见证了诸多少数民族的交纳往还。其最鲜明的特色，乃是华夏民族的团合及华夏文化与周边少数民族文化的杂糅。在文化层面，表现出明显的互动与融合迹象。

延庆考古发掘证明，这里很可能就是炎黄阪泉之战发生的地点，这进一步印证了北京为华夏文明发祥地的事实。[①] 同时，大量对北京地区先秦遗迹的考古也表明：当时这一地区已经形成了多民族杂居的状况，肃慎、燕亳、孤竹、山戎等少数民族与华夏民族不仅在这里共同居住，诸民族文化亦交互渗透，彼此濡染。从出土的周代燕地青铜器来看，无论是器物的种类、形态，还是铸造的工艺、镌刻的铭文和线条的装饰等，都受到了来自中原农耕文化与北方游牧文化的双重影响，既体现出中原高超的工艺水平，也反映着北方游牧民族的骑射雄风。如在燕山南侧发掘了先秦铸造精良的青铜短剑，而其把手上，则通常装饰有特殊的鹰头或马首，这无疑是南北

[①] 王玲：《北京历史文化的总体特点》，北京市社会科学界联合会、首都图书馆、北京史研究会编《漫步北京历史长河》，中国书店2004年版。

文化交融的小小缩影。另外，在北京昌平白浮村发现的西周燕国墓葬以及北京延庆西拨子发现的春秋游牧部族墓葬也表明，当时华夏部族的礼俗已为北方戎族部落所吸收。从春秋战国到秦始皇统一中国的约500年间，北京一直是齐赵、边胡、乌恒、夫余、秽貊、真番和古朝鲜等各族人民交往的重地。

第二阶段（秦汉迄隋唐）：北京作为北方军事重镇时期

自秦在今北京境内置上谷、渔阳、广阳三郡之后，一直到唐末，北京一直是北方军事重镇，也是遭匈奴等少数民族侵扰较重的地区。处于北方少数民族与中原汉族政权频繁推拒进退锋线上的北京，这一时期多民族文化之间的彼此影响进一步加强。尽管从表面上来看，南北各种力量之间纷争不断，交刃不休，然而观之深层，各民族之间的凝聚力不容忽视。

一方面，北方少数民族历次南下，都要掠去大量的汉人；与此同时，为躲避战乱，又有大批汉人流亡塞北。因此，这一时期北京地区在促进中原文化向外辐射方面，发挥了重要的作用。史载鲜卑慕容氏在大批幽冀士庶流亡辽河流域时，"推举贤才，委以庶政"，[1] 又设立侨郡

---

[1] 《慕容廆载记》，《晋书》卷一百八，载记第八，清乾隆武英殿刻本。

县安置流民，从而吸引了大量的中原投奔者，致使流人超过原来人口的 10 倍以上，成为慕容氏汉化的开始。①

另一方面，少数民族内附的进程也从未中断。三国两晋南北朝时期，丁零人一部分聚居在密云等地，蓟城附近的一条河流即被命名丁零川。② 隋代幽州居民除汉族外，还包括粟末靺鞨、突厥、高丽、新罗、契丹、奚、室韦等族，玄宗天宝年间留居在现北京境内的还有7138户，34293人。③ 在魏晋十六国北朝时期内，蓟城也增加了不少内迁的乌桓、鲜卑、丁零、高车人等。由此，北京地区的民族文化得到进一步丰富。值得一提的是，这一时期，西亚等地的文化也向北京地区渗透，比如在唐代幽州，从波斯传来的打球（击鞠）运动就很流行。

第三阶段（辽、金、元、明、清）：北京作为封建中央集权的都城时期

有学者研究，辽、金、元、明、清各代，北京地区人口在建都前后均有大幅度增长。而人口内聚迁移是导致这一现象的根本原因。作为中原汉族与北部少数民族交往的锋线地带，大量移民成为北京地区一道独特的风

---

① 晁福林主编：《中国古代史》（上册），北京师范大学出版社1994年版，第374页。

② 北京大学历史系《北京史》编写组：《北京史》，北京出版社1985年版，第49—50页。

③ 同上书，第58页。

景。尤其北京成为首都后,各朝均伴随有不同规模的军事和民事移民行动。

辽国在幽州建立陪都后,契丹人大量迁入,辽南京地区更加成为民族杂居区,居民主要有汉人、契丹人、室韦人、渤海人等,南北民族文化融合的进程加快、深度加强。1113年,北京人口共有2.5万户,15.8万人,其中以契丹以及奚、室韦、女真等部族为主体的宫卫军人户约有0.9万户,6.3万人。辽南京揭开了北京成为多民族统一国家政治中心和文化中心的历史序幕。

公元1153年,北京成为首都以后,大批女真人南迁至中都城及其周围地区,并与汉人通婚,宫廷礼仪也效仿汉制,金主完颜亮亦强令宗室大族居家老幼内迁。金中都人口最盛时期超过一百万,城内居住着汉、女真、契丹、回鹘、突厥等众多部族。元大都成为全国的政治中心后,南北民族经济文化交流更加全面和深入。大批的蒙古族官吏、士兵及其家眷入居京都,唐兀人、畏吾儿人也有不少到大都入仕做官。大都城内和近畿地区,还有大批中亚各族人民被统称为"色目人",包括康里人、钦察人(吉卜赛人)、斡罗思人(俄罗斯人)、阿速人、突厥蛮人(土库曼人)和伊朗人等,在习惯上他们被称为"回回人"。1263年,北京共有回回人户2953户。

所谓的会馆、洋行、星级饭店、使馆区、外贸市场等,早在元大都时期就存在了。各民族、各个国家、不同语言系统与宗教信仰的人们远道而来,仿佛合力建造一座通天的巴比塔。① 明洪武元年(1368年),明朝军队攻克元大都,少数蒙古贵族退回蒙古草原,大多数蒙古人留在了内地,从事农业生产,逐渐与汉族人同化。"明初燕王北征,曾有'山后'人降服,进入内地宛平县从事开垦,遇战时作为亲军随燕王出征,后来京营中的三千营就是由蒙古降丁组成的骑兵。"② 其时又有南京、山东两地回民迁入北平府。元明之际,由于战争原因,北京地区人口减少,所以明朝政府实行了迁移人口填充京师的政策,这使得南北文化交流进一步加深,北京真正成为了荟萃全国各地文化和人才的中央都城。明人于慎行在《谷山笔麈》中描述:"都城之中京兆之民,十得一二;营卫之兵,十得四五;四方之民,十得六七。就四方之民中,会稽之民,十得四五。"③ 说明江南人口大量迁来北京。与此同时,北京回回、阿拉伯、女真等流动人口也较多。当清朝定鼎北京时,为了确保对人口庞大、社会经济文化发展水平较高的汉族地区的统治,清朝统治者倾其全力,依靠八旗官兵对广大汉族地区实行直接的军事控制,在此背景下,满族展开了大规模的民族迁徙。清初,内城八旗人口计约32万人。迁于外城

---

① 洪烛:《马可·波罗与元大都》,《书屋》2004年第9期。
② 李淑兰:《北京历史上的民族杂居与民族融合》,《中央民族大学学报》1995年第3期。
③ 《谷山笔麈》卷十一,明万历于纬刻本。

的汉官、汉民、商人等成为外城的固定居民，约有14万人。满族统治者通过尊重其他民族的宗教信仰、生活习俗，以会晤笼络以及武力征服等手段，促进了民族关系的融洽。当时全国各地，包括许多边疆少数民族都有人到北京来做官、经商、会考等，各地在京会馆多达数百处。"清乾隆年间西都健锐营增设'番子佐领'，他们是来自西南地区的少数民族，清政府也将其中'金川降虏及临阵俘番习工筑者'，附居香山健锐营侧。"①

据学者研究，辽、金、元、明、清各代，北京地区人口迁移数据如下：②

辽代：南京地区迁入户口累计达2万户，约10万人，其中契丹人居多；③

金代：累计迁入中都地区的户口约4.5万户，25万人，其中除女真人外，还包括大量契丹、奚、渤海等少数民族人口；

元代：累计迁入大都地区的户口在17万户以上，其中蒙古诸部贫民及归附州县兼管的军站奥鲁户口均有一定规模；

---

① 李淑兰：《北京历史上的民族杂居与民族融合》，《中央民族大学学报》1995年第3期。

② 相关数据参见韩光辉：《北京历史人口地理》，北京大学出版社1996年版，第147—149页。

③ 据《钦定日下旧闻考》记载，辽南京人口总数为30万。

清代：旗人户口及隶属户口迁入约计20余万户，90余万人。

契丹、女真、蒙古及其他少数民族人口从北方乃至西域迁入内地，不仅导致在辽南京、金中都和元大都地区先后出现了少数民族集中居住或与汉民杂处的局面，而且形成了一些少数民族集聚的村落，如阿苏卫、李罗营、畏吾村、高丽庄、骚子营、达子坟之类，从而使这一地区民族文化融合的速度和范围都达到了前所未有的程度。在辽南京城北部的商贸中心，汇集了来自各地的商品。城市人口达30万，而一些坊名如"肃慎"、"麝宾"等显示了东北、西域少数民族的聚居。

第四阶段：民国至今

近代以来，面对西方列强的步步紧逼，中华民族危机日益加剧，在近代民族主义精神的观照下，合群御侮成为中华民族亿万子胄的共同心声，际此，中华民族源于"统一"、"一体"的内在张力和内驱力得到了充分释放，而凝结于近代民族主义之中的民主、平等精神则积淀在"中华民族"的特定历史进程中。清朝覆亡，民国肇始，孙中山即发布《中华民国临时大总统宣言书》，郑重宣告："国家之本，在于人民。合汉、满、蒙、回、藏诸族为一人，是曰民族之统一"，五族共和被确立为民国政府处理民族关系的基本原则。"五族共和"的口号由于恰如其分地表达了各族人民共同的利益要求而迅速得到各界人士的一致认可，中华民族的一体性成为各族人民的共识。观照中华民族发展的这一高潮绝响，北京的历史无疑具有代表性和预示性的意义。1949年中华人民共和国成立以后，进一步确立了民族平等和民族团结的政策。这极大地推动了北京多民族文化的进一步融合与发展。2000年第五次人口普查数据资料表明，在北京市人口中，少数民族人口达58.5万人，已占到北京人口总数的4.3%。我国多民族大家庭中的56个民族，都有成员在这里学习、工作和生活，北京已成为中华民族多元一体文化的中心和象征。

北京民族融合与多元文化发展的历史进程，充分显示了北京高远博大的帝都胸怀。北京城市发展史与中国统一多民族国家的形成、发展和巩固的历史过程相吻合，换言之，北京的发展史就是中华民族多元融合历史的缩影。从秦王朝建立统一的中央集权制国家开始，中国真正进入了统一多民族国家的发展历史。无论是在宋辽金时期，北宋与辽、夏，南宋与金的南北对峙局面下，还是元、清少数民族政权统治的时期，北京作为民族冲突与交汇的枢纽地带，其民族融合的进程不仅没有中断，且大大加强了。元明清时期作为中国统一多民族国家最终形成和巩固的时期，各民族之间交往和融合的深度和广度都远超前代，而北京作为蒙古族和满族建立的中央政权所在地，对统一的多民族国家的巩固发挥了不可替代的作用。在中国统一的多民族国家的发展史上，汉民族与少数民族的矛盾斗争具有逐渐向东北方向移动的趋势，北京的城市发展历程及其状况就是这一发展趋向的集中体现。作为中原地区通往北方少数民族地区的重要枢纽，北京始终是民族斗争和民族融合的聚焦点，在我国多民族统一国家的形成、发展和巩固的历史中承担了无可与匹的角色。①

京张铁路居庸关施工场景（1909年）

尤其值得注意的是，各个少数民族政权建鼎北京期

---

① 卢培元、卢宁：《北京：中华民族历史发展中的特殊城市》，《北京联合大学学报》2000年第1期。

间，这一地区不仅原有的文化链未曾中断，而且多民族文化的发展达到了前所未有的高峰，中华民族多元一体的基本格局得以奠定。不同民族文化彼此遭遇刹那间的一触即发之势与遭遇后波澜不惊而趋于融合之果，显示了中华民族多元一体结构内生的巨大张力。

第三节　兼容并蓄的文化形态

北京与西安、洛阳、杭州、开封、南京几大古都的不同之一，即是"和而不同"。[①] 史念海先生也认为，"举凡各地的风俗习尚、族类居住、儒家经典、鞍马骑射、音乐舞蹈、宫殿建筑，皆有涉及。各地风俗习尚不尽相同，甚而还有凿枘难入之处。这样的差异往往能在都城得到融合，向更高处发展，对于全国的文化也就更多的促进作用。熟习儒家经典和锻炼鞍马骑射，本是文武殊途，一经融合，便是既文又武，相得益彰。"[②] 北京正是"既文又武，相得益彰"的典范。

在古都北京的文化"大容器"里，各种文化琳琅满目，异彩纷呈。所谓"万国梯航满禁衢，卉裳象译语音殊。凤箫声送纤腰舞，雉扇行分两翼趋。花气欲浮金凿落，云光疑下锦流苏。词臣不识金涯秘，点指

[①] 程遂营：《程遂营讲"六大古都"》，河南大学出版社2015年版。

[②] 史念海：《中国古都和文化》，《中国历史地理论丛》1993年第4期。

薇垣颂六符。"① 无怪乎现代作家老向在《难认识的北平》一文中写道:"北平有海一般的伟大,似乎没有空间与时间的划分。它能古今并容,新旧兼收,极冲突、极矛盾的现象,在她是受之泰然,半点不调和也没有。"

从北京文化的形成过程来看,"多源""多态"是其最显著的特征。在近千年的都城发展史上,北京的都城文化不断在继承中发展,在融合中蜕变,呈现出兼收并蓄、宽厚包容的特征。燕赵文化是北京文化的"核",但在四方文化的汇入和影响下,北京的"燕文化"逐渐隐而不彰。《两京求旧录》记载:"昔人论燕人者,管子谓其'愚憨'。隋志则云冀、幽之士,钝如椎,郝伯常称其不渐宣政佻靡之化,今也不然,执途之人及五尺童子叩之,莫不便便口给,其讷于言者盖寡,乃知习俗之移,今昔攸殊也。"②

这种"兼容并蓄"既得益于辽、金、元、明、清特别是元代和清代以汉族文化为主体的多元文化政策,也受益于古都北京经济和文化的繁荣。

13世纪初,蒙古族统治者经过半个多世纪的征服战争,不仅先后消灭西夏、金、大理、吐蕃、南宋等政权,

---

① 袁桷:《元日朝回两首》,《清容居士集》清容居士集卷第十一,四部丛刊景元本。

② 录自李家瑞:《"中研院"历史语言研究所专刊之十四:北平风俗类征》,商务印书馆1937年版,"中研院"历史语言研究所1992年影印本,第304页。

完成了多民族国家的空前统一,而且铁骑横扫欧洲和西亚。蒙古的征服与统治,无疑影响深远。但对其影响究竟是正是负,自来聚讼纷纭。一方面,当时俄国人诋詈蒙古征服为"上帝的鞭笞",西欧人称蒙古人为"来自地狱的魔鬼"。现代英国波斯学者勃朗认为,蒙古征服改变整个世界,造成历史最大灾难,至今余波荡漾。俄国诗人普希金也有句名言:"鞑靼人(即蒙古人)与摩尔人不同,虽然征服我们,却未带来代数学,也未带来亚里士多德",遂使俄国错失"文艺复兴"的良机。另一方面,不少史家认为,蒙古人使欧亚大陆的大部分笼罩于一世界帝国之下,缔造所谓"蒙古和平",对促进东西文化交流大有贡献。法国东方史家格鲁塞则在其《蒙古帝国初期史》一书中便将蒙古征服比之为一场风暴。此一风暴"虽吹倒禁苑墙垣,并连根拔起树木","却将花种自一花园传播至另一花园"。其传播文化之功,可与罗马人先后辉映。[①]客观来讲,元朝的建立在文化传播方面无疑发挥了巨大的作用。特别在中国,元朝的建立结束了安史之乱以来三百余年藩镇割据、南北对峙的分裂局面,在"北逾阴山,西极流沙"的广大疆域内建立了一个空前规模的多民族统一国家,版图的空前扩大和边疆地区之间藩篱的打破,形成了有利于各民

[①] 萧启庆:《内北国而外中国:蒙元史研究》(上册),中华书局2007年版,第1—2页。

族文化交流发展的有利环境。由于政令统一,尤其是四通八达、遍及全国的驿站,使得"适千里者,如在户庭;之万里者,如出邻家"。在共同交往的过程中,各族传统制度、思想文化、观念习俗相互交流、相互渗透,大大促进了元文化的多元蓬勃发展。

元朝实行了以汉族制度为主体的非常积极的多元文化政策。中统一年,忽必烈诏令全国,"宣圣庙,国家岁时致祭,诸儒月月释奠,宜令洒扫修洁"。同年他在刘秉忠、王文统等人的策划下,按照汉族统治者的模式"颁章服,举朝仪,给奉禄,定官制",甚至国号"大元"也取自《易经》"元亨利贞"、"大哉乾元"之意。元仁宗时,恢复了中断多年的科举制度,通过开科取士网罗了大批汉族士人为元政权服务。

元朝思想文化有两个特点十分显著:一是兼容,二是"不尚虚文"。它也是中国封建历史上唯一明确提出宗教自由的王朝。元朝统治者对由于蒙古、藏族等民族的进入被带到中原的萨满教、景教、藏传佛教,中原原有的佛教与道教,以及外来的基督教与伊斯兰教等,采取了兼容并蓄的政策。

清代满族统治者也在定鼎中原之初,便选择了多元并行的文化政策。以语言文字为例。除满、汉、蒙文先后被确立为官方文字外,藏文、维吾尔文等也被引入。乾隆在题写避暑山庄丽正门门额,镌刻盛京大清门以及永陵、福陵、昭陵石碑,编制《御制清文鉴》时,均使用了满、汉、蒙、维、藏五种文字。

古都北京"兼容并蓄"的文化特征主要体现在以下方面：

1. 都城建筑的多元"混搭"

我国是一个统一的多民族国家，不同民族文化的交融往往最直接地反映在建筑上。当年，当蒙古人逐鹿中原时，他们把草原的雄风吹到了平原沃土，同时也把中原的农耕文明带进了蒙古毡房，元代的都城建设就是这两种文明交融的见证。元大都的设计思想，概依《周礼·考工记》。元大都的设计者为汉族人刘秉忠。刘秉忠（1216—1274年），元代邢台（今河北邢台）人，字仲晦，初名侃，他生于一个世代书香的官宦人家，少年时由于家道中落入武安山天宁寺为僧，道号长春散人。他的传统文化根底深厚，"于书无所不读，尤遂于《易》及邵氏《经世书》，至于天文、地理、律历、三式六壬、遁甲之属，无不精通。论天下事如指掌"。[①] 而具体负责领导修建工程的包括汉、蒙、女真、色目等族官员，参与建设这座都城城池、河渠、街道、里巷者，则包括了各民族、各地域的普通民众，这也注定了元大都"混搭式"建筑风格的形成。大都的宫殿虽以中原汉族王朝的传统风格为主，同时也体现出一些蒙古族和其他少数民

---

① 宋濂等：《元史》卷一五七，中华书局1976年版。

族的特色。如既大量使用汉地传统的木结构和门阙角隅之制、雕梁画栋之艺，又在后宫的布局方面保留一些纯蒙古式的帐幕建筑，并建有多处鹿顶殿、圆顶殿、畏吾儿殿等其他民族的宫殿建筑。而且以太液池水面为中心来确定城市布局，折射蒙古族"逐水而居"的习俗。此外，还在宫殿四周种植了大片草地，在宫殿之内铺设了大量兽皮、毡毯等。无怪乎有学者指出，它"充其量不过是个半中国式的城市"。① 直至1353年，大都城中仍有专供忽必烈使用的"毡帐"，即大蒙古包。

元大都俗称"哪吒城"。那么，这一名称从何而来呢？有人认为其主要依据是中国传统的风水学说。而据一些元代笔记诗文的说法，十一座门象征哪吒三头六臂两足。哪吒故事本从印度传来，后被佛教和道教均当成保护神，而刘秉忠又熟习佛、道，所以也有人认为"哪吒城"是佛道文化的反映。另据张双智研究，这实际上是受藏族文化的影响。他认为，十一城门制的大都城，是头南脚北、三头六臂的元朝护国神玛哈噶拉的形象，寓意是请他护佑皇宫和京城的安宁。元代汉人把它说成是"哪吒城"，乃是藏族文化初到大都与汉文化碰撞而形成的误会。

清代紫禁城是清统治者在继承了明代建筑文化的基

---

① ［美］施坚雅主编：《中华帝国晚期的城市》，叶光庭等译，中华书局2000年版，第11页。

础上，又不断地依照满洲建筑文化加以改建而成。如顺治帝将已故明皇后正宫——坤宁宫，修缮和改建为清代皇后正宫，兼做宫廷祭神祭天的场所，并在宫前设立祭天神重建文渊阁，一改明时覆以黄琉璃瓦的建筑风格，以黑琉璃瓦绿剪边，并在其东侧建盝顶碑亭；在紫禁城内建筑箭亭，体现了满洲八旗以"骑射为本"的传统及对林莽绿野的色彩的喜爱；被称作小殿的中正殿外型则是游猎民族特有的圆型毡帐殿。[1] 民族宗教原为萨满教的清朝统治者，后改尊崇蒙、藏等民族普遍信仰的藏传佛教喇嘛教为国教，因此在建筑方面创造了汉藏结合形成的楼阁，皇宫里有雨华阁，内城建雍和宫，外城有黄寺。在北京城郊各地，清真寺是回族聚居区的标志，喇嘛庙附近住户则多属蒙族和藏族。

2. 商品市场的包罗万象

古都北京市场繁荣，物产丰盛，各地各民族的珍奇、特产云集，"冠绝天下"。据记载，辽南京"城北有市，陆海百货聚于其中。僧居佛寺冠于北方，锦绣组绮精绝天下。"[2] 元大都则"汉女姝娥金搭脑，国人姬侍金貂

---

[1] 祝萍：《传衍嬗变融合——满族文化对北京文化的影响》，《贵州民族研究》2007年第6期。

[2] 于敏中等纂：《日下旧闻考》卷五，北京古籍出版社1983年版，第69—70页。

帽。"① 意大利人马可·波罗曾说大都居民之众，百物之输入，世界诸城无能与比。② 明清时期，东华门东的北都灯市，绵亘二里，四方客商云集，八面货物荟萃，气象甚为壮观："市之日，省直之商旅，夷蛮闽貊之珍异，三代八朝之古董，五等四民之服用物皆集。"③

仅就当时在京城流行的名酒来说，山东的秋露白酒、淮安的绿豆酒、括苍的金盘露酒、婺州的金华酒、建昌的麻姑酒、太平的采石酒、苏州的小瓶酒、广西的滕县酒、山西的襄陵酒等在京城都可以找到，其中山西的襄陵酒为最好。④

3、语言的会通交融

作为人与人之间交往的工具，语言是随着人类文明的不断提高而逐步发展的。语言的共化是民族融合的重要标志之一。北京地区的语言以汉语为基础，后受到阿尔泰语系的北方各族语言的影响。清代所讲的北京官话属于"汉语胡音"，它包含了汉、满、蒙三种语词，而

---

① 欧阳玄：《渔家傲南词十二首》
② 马可·波罗：《马可·波罗行记》，梁生智译，中国文史出版社2011年版，第127页。
③ 李家瑞：《"中研院"历史语言研究所专刊之十四：北平风俗类征》，商务印书馆1937年版，第29页，"中研院"历史语言研究所1992年影印本。
④ 何良俊：《四友斋丛说》卷三十三，上海古籍出版社2012年版，第221页。

西部北安村一带至清末语言仍有近似契丹语处。[1] 有清一朝的满族帝王就十分重视对汉语的学习，从康熙朝开始，汉语成为了主要的交易用语。到乾隆期间，八旗子弟不习满语、满文的现象已经非常普遍。时至咸、同以后，北京地区的满族几乎完全以汉语作为交际工具了。此外，今天的北京话当中也还有不少满、蒙词汇，如北京的街巷称为胡同，而"胡同"一词来自蒙语，原意是"水井"的意思。在方言、土语中更加明显，像乌突、骨立……可说是不胜枚举。又如至今仍在沿用的、因满族风俗而创造的满式汉语词汇——剃头、旗袍、下嫁、捅娄子等。经过辽、金幽燕方言底蕴之发轫，元、明北方汉语之发展，到清朝满汉语言融合，特别是吸收满族语音和语汇，北京语言的现状客观地显示着民族融合的历史过程。[2]

4、娱乐休闲方式的多元荟萃

辽金盛行的"重五射柳"，是少数民族的竞技活动，至明代宫禁中仍因袭此俗。清代在北京流行的摔跤、马术、爬竿、荡秋千、抓拐等，均属草原习俗。元大都城外有一座皇家苑囿较为典型，即大都南郊的飞放泊。元

---

[1] 李淑兰：《北京历史上的民族杂居与民族融合》，《中央民族大学学报》1995年第3期。

[2] 参见赵伟《试论清代北京地区的满汉融合》，《北京文化史研究》（民族与宗教卷），光明日报出版社2011年版，第183页。

代飞放泊"广四十顷",供"冬、春之交,天子亲幸近郊,纵鹰隼搏击,以为游娱之度"①,也是蒙古游牧民族习俗的反映。

明成祖朱棣定都北京,开始从全国各地向北京迁徙民众,主要是山西及江南地区的民众,作为北京地区的常住人口。南方的音乐娱乐方式逐渐在北京盛行,南方昆曲取代了金、元时期盛极一时的杂剧,逐渐登上演艺舞台的中心位置。

5. 风俗习惯的逐步趋同

北京建都以后,各少数民族大量进入中原,往往不自觉地对文化更为发达的中原风尚产生向慕之心;同时他们带来的各具特色的风俗习惯,也吸引着汉族人民接受与采纳。

岁时节令方面:

辽、金、元入主中原后,受汉族的岁时节令习俗影响极大。契丹人早年并无历法,因此也没有固定的岁时节令。契丹人的原始节日就只是在一些传统的祭祖活动中举行大规模的仪式,但是举行这些仪式都没有固定的日期。因此,严格说来,契丹人并无岁时节日。直到辽太宗攻入开封,获取后晋的各种测量仪器及图书等物品,

---

① 赵兴华编著:《北京园林史话》,中国林业出版社2000年版,第61页。

契丹人才有历法。又因燕云地区的并入，受到汉族文化的影响，才有了固定的节日。《辽史·礼志》和《契丹国志》中所记录的岁时节日以及节日期间的各种礼仪和风俗，都是来源于燕云地区，只不过其中融入了许多契丹旧俗。女真人早年也没有历法，后来受汉族文化的影响，才有了历法，而汉族的岁时节令习俗也逐渐为女真人所接受。据《大金集礼》记载：元旦、上元、中和、立春、春分、寒食、清明、立夏、四月八（佛诞日）、端午、三伏、立秋、七夕、中元、中秋、重阳、下元、立冬、冬至、除夕等，都是金朝法定的岁时节日，各级官员还有一至三天的休假。元代定都大都后，岁时节令活动基本上遵循汉民族传统习俗，尤其是在民间，岁时节令风俗与中原地区差别不大。

中秋节在北京又称八月节，经明朝的发展，在清代乾隆间形成高潮，因乾隆属兔，又是八月十三的生日。皇帝生日在清代叫"万岁节"，乾隆当了六十年皇帝，每年均要庆贺生日，许多中秋习俗就是在乾隆年间形成，一直沿袭至民国，丰富多彩。又如充满浪漫色彩的七夕节，也是经历了各代汉族与各少数民族人民的传承与发扬。七夕正式定为国家节日是在汉武帝太初元年（前104年），朝廷宣布除夕、元旦、元宵、上巳、寒食、清明、端午、七夕、重阳及春秋社日、冬祭腊日等为节日，形成定制。七夕延续至清朝，满族妇女为"七夕"乞巧增添了自己渔猎民族的特色，她们用松针代替绣花针投入水碗中乞巧,还有的把黍苗用刀削成针形来乞巧。七夕节在清朝宫廷也是最具娱乐情趣的日子,后宫女子们在七月初六就要用盆盛水,放在太阳底下晒,晒到水面上起一层看不见的薄薄的水皮。第二天她们丢针乞巧,如果针影如梭,就是织女把梭给你,将来一定是织布巧手;针影若是一头粗一头细,像洗衣的棒槌,说明将来喜好干净;如果针影如笔,将来是擅长描龙画凤能出好画样的好手;如果针影细如绣花针,将来是能扎会绣的能手。如果针影两头都粗,就是织女嫌你笨;针要沉到水底,就是说和织女无缘分。老太后不亲自投针乞巧,而是热心参与评论。有的宫女为讨太后喜欢,挑选针孔大的针放在水上,太阳光透过针孔投下一个小白点,就说这是织女保佑太后年老眼不花,能健康长寿。这个习俗传到民间,就成了媳妇为婆婆、姑娘为妈妈乞寿求福的活动。①

饮食服饰方面:

辽王朝曾经规定,契丹人的服装以契丹本民族的样式为主,汉族官员和民众仍以汉族样式的服装为主。但那些被辽王朝任用的汉族人做了辽官后,为表示投效,带头穿契丹服,并学契丹"髡头"之俗。当时北宋人有记述说"衣服渐变存语言",就是指汉族男子衣服契丹化。金朝统治者在中都强制推行汉人女真化,大多数汉

---

① 赵书的博客:网址:http://blog.china.com.cn/zhaoshu/blog。

族男子都着女真式服饰和发式,而汉族女子仍穿汉式服装。范成大出使金国时,发现汉族民众习俗已经深受女真影响,"最甚者衣装之类,其制尽为胡矣。自过淮以北皆然,而京师尤甚。惟妇女之服不甚改而戴冠者绝少,多绾髻。贵人家即用珠珑璁冒之,谓之方髻"。[①] 为了维护女真人的传统,金朝政府严格规定女真人不得着南人衣装,违反者要处以刑罚。但是随着民族融合,女真人汉化已经成为一种风尚。汉族服饰和女真服饰在中都互相影响,互相借鉴。到了元朝,为了强化等级差别和民族界限,虽然统治者制订了严格的冠服制度,但在大都,汉族服饰与少数民族服饰,尤其是蒙古族服饰融合的趋势进一步加强。清朝统治者强制推行汉族人剃发易服的政策,明令"衣冠悉遵本朝制度"。在服饰的形制和禁例上都作了严格的规定。男子的衣冠服饰以满族的样式和风格为主,但是在服装纹饰上,则继承了汉族礼仪文化的内涵。男子的发式依照满族传统,剃额前发,留辫子,戴帽子。汉族女子仍然着汉装,同时吸收了满族女式服装的一些特点;满族女子主要穿旗袍,但服饰也受到汉族的影响。

历史上,燕地盛产粮食,有黍、稷、稻、麦等,燕地的汉民族及定居燕地的其他民族居民皆以米、面为主

---

① 朱瑞熙等:《宋辽西夏金社会生活史》,中国社会科学出版社1998年版,第57页。

第四章 雍容博大的帝都气象

食。契丹族人到了北京地区后，也逐渐适应了以米、面为主食的饮食习惯。但是，大多数契丹族人仍然保留了畜牧民族以肉为主食的习惯。在辽代末年，北京城内汉民族、契丹族居民的主食都是粮、肉兼用。到金代，中都城的汉、女真族居民的主食都是以米、面为主，同时食用肉类。汉、女真两民族饮食风俗共存并互为影响，许多食品上都带上了这个特点。如居民常吃的馒头、血羹、烫羊饼子、肉羹、大肉饼、灌肠、枣羹、面粥、油饼、松子糖粥、腰子羹、熏鱼、糕糜等。[①] 蒙古贵族到了大都之后，仍然保留着游牧民族的饮食习惯，以饮酒、食肉为主。而汉族的达官显贵们，则基本上沿袭了传统的农耕地区的饮食习惯。对于生活在大都的普通居民而言，米、面就是他们的主食。

洪武元年（1368年），蒙古贵族统治被推翻，建立了汉民族统治的明王朝。在大都定居的一大批少数民族民众被赶走。因此，少数民族的风俗习惯也逐渐被人们所弃置。南方的饮食风俗在北京也很盛行，苏菜在北京成为一种时尚。

清代，北京饮食四方荟萃、南北兼有，既有本地特色，又博采众长。北京地方菜馆众多，兼有北京、山东、江苏、广东、四川、河南等诸多口味。如北京砂锅居、白肉馆；山东馆的鸡鸭鱼菜；济南馆的燕窝、鱼翅；四

---

① 吴建雍等：《北京城市生活史》，开明出版社1997年版，第41页。

川馆的麻婆豆腐等。此外，北京风味小吃驴打滚儿、豆汁儿、萨其玛、蜜饯果脯等深受百姓喜爱。这一时期还形成了集各地方菜系之特色的综合菜系——官府菜。其中谭家菜是官府菜的典型，当时北京的"二谭"，几乎人人知晓，即"戏界无腔不学谭（即京剧大王谭鑫培），食界无口不夸谭（指谭家菜）"。此外，还有最著名的三大家私家菜，即财政界"王家菜"、军界"段家菜"、银行界"任家菜"。① 可惜的是这些菜没有流传下来。

北京人喜食烧、烤、涮，这显然是接受了游牧民族的食俗。包括烧、烤、烹、炸、煮、炖、涮、爆、烙、炒、焖、煎等十二种满族传统的东北大菜烹饪方法已渗入各种菜系之中，萨其玛、豆汁、"驴打滚"、饽饽等满族特色小吃深受北京城老百姓喜爱。

婚丧嫁娶方面：

辽代以前，燕地婚俗虽然受少数民族婚俗影响，与中原地区不完全相同，但仍是以汉民族婚俗为主。契丹族人占领幽州地区后，统治者为了通过血统关系维护利益，规定皇族耶律氏只能与后族萧氏通婚，辽代始终保持了这个做法。但是，在两族居民中，互相通婚已是很普遍的现象。此外，契丹人仍然保持着婚姻不受辈份限制的落后习俗，甚至做辽官的汉人家族为保其禄位，也

---

① 中国人民政治协商会议、北京市委员会文史资料研究委员会编：《北京往事谈》，北京出版社1988年版，第8页。

这样去做。但在普通居民间，并不如此。女真族人最初的婚俗是质朴的，少女可以行歌自行择婿，除统治阶级外，民间不存在混乱辈姻的现象。定都中都后，女真族人多受汉民族婚俗的影响。一是两族居民互相通婚比较普遍，即使官僚阶层也存在较多的两族人互通婚姻的事实，甚至到了后来，连金朝皇帝都可以纳汉族女子为妃。二是女真族人的婚俗很多沾染上了汉民族婚姻中的习俗，盛行聘礼，并逐渐变得奢侈。统治者不得不多次对居民婚姻中的聘财做出限制，规定不同阶层居民聘财的数目。据此可知，汉民族婚俗已经在中都城居民中占据了主要地位。元朝忽必烈规定各族婚姻"各从本俗法"即尊重各民族的婚姻习俗。虽然各从其俗，但彼此之间不可能不发生影响。比较明显的是汉族中有人效法蒙古人多妻制，"有妻更娶妻"。蒙古人受到汉族婚姻礼俗的影响，也有不再从本俗的，而元代官方也未予干涉。

辽代以前，幽州地区的葬俗多从汉地风俗。契丹人占领幽州后，葬俗有了较大变化，一是因为契丹族早期有火葬习俗，二是因为当时幽州地区佛教盛行，教徒、信仰者众多，佛教盛行火葬之俗。所以，火葬这种习俗就得以推广。幽州地区的居民以及降辽的汉族官员多实行火葬。但是契丹贵族则否。其他葬俗则受汉族风俗的影响极大，辽代帝、后死后修建陵墓，葬于幽州地区的汉族高级官僚也都使用汉族传统的修建墓室习俗。下层居民死后多无棺、火葬，也有少数人实行土葬。金中都的葬俗，仍沿袭辽的习惯，实行火葬比较普遍。但葬在中都的高级贵族以及皇帝、后妃，则为土葬。元代，在民族大杂居的现状下，统治者采取各依本族的方针，丧葬方式和祭奠方法因习俗不同而各异。但是对于入乡随俗的做法，尤其是一部分少数民族受儒家节、孝思想影响，坚持"守制"的做法，也基本上不予干涉。宫廷丧葬大体依照蒙古族传统习俗，实行土葬，但是祭祀活动则多受汉民族葬俗的影响。

宗教习俗方面：

北方少数民族大多信仰萨满教，契丹、女真、蒙古、满族等少数民族进入北京地区后，接受了佛道诸教及其节日风俗。辽金元的统治者对佛教较为重视，当时，佛教祭祀活动十分活跃，北京的佛教节日就是在元代后逐渐定型的。

交通习俗方面：

满族原先的乘载方式主要是骑马。平日出行、运输则多用畜力车，常见的有用牛牵引的柴车，即蒙古族和达斡尔族的勒勒车。后来皇太极仿照明朝规制设立了较为简朴的宫廷车辂制度。乾隆时，随着清政权的巩固和对汉族宫廷文化的深入把握，又参照周代和唐代典制，创立了一整套具有清代特色的车辂制度。

值得注意的是，在北京多民族文化发展的历史上，曾屡有试图阻止不同民族文化相互融合的情况，但统治者设置的种种畛域最终都被历史发展的必然进程所打破。

譬如，建立金国的女真人曾将所征服地区的居民分别称为汉人、燕人、南人等，以便和女真人相区别，但是后来却有许多女真人出于自愿，开始改用汉姓，仅见于《金史》记载的即有 31 姓。元代蒙古统治者将其民分为蒙古、色目、汉人和南人四个等级，然而这一做法客观上却加强了女真人、契丹人、高丽人等非汉民族和汉族的融合。明初曾下令禁止胡服胡语胡姓，恢复"唐代衣冠"，但却出现了"靴装"盛过唐服的情况。清代亦然，满族统治者尽管采取了"旗、民分治"的统治政策，在旗人内部，满洲、蒙古、汉军八旗之间也设置了一定的藩篱。然而，正是在这一模式下，满、汉及其他各民族自觉不自觉的交往，加速了中华民族多元一体文化的发展进程。

第五章　崇文厚德的人文传统

都城既是一个强大的"磁体",又是一个庞大的"容器"。它以独一无二的资源、制度和平台优势吸引着全国各地乃至域外形形色色的人们蜂拥而至,又凭借其非凡的环境和文化空间包容着各种新事物、新思想、新人才。燕京素称"地广土坚,乃礼义之邦"①,地理环境优渥,人文氛围浓厚,特别是辽、金、元、明、清五代作为都城期间,这里成为群英荟萃的人才渊薮,立德弘教的文化津梁,其文化成就集各代之大成,文化影响遍及世界各地,堪称中国古代都城文化的顶峰。

第一节　立学弘教的文化津梁

"教化之行也,建首善自京师始,由内及外"。②近

---

① 于敏中等编纂:《日下旧闻考》卷五,北京古籍出版社1983年版,第76页。

② 《史记》卷一二一,儒林列传,中华书局1959年版,第3118—3119页。

千年来，除了元代的部分年份之外，北京城始终是科举制度中心。全国最高科举都在北京举行，每到这一时间，北京城就成为举国关注的中心。这样一种持续千年的制度性影响，使北京成为北中国最注重文化，儒学最发达的地区，读书风气经久不衰，即使是原先不许参加科举的八旗子弟，也逐渐耳濡目染，成为彬彬有礼、雅好读书的儒生。

"太学者，贤士之所关，教化之本原也。"① 太学乃中国古代最高学府，其前身称为"辟雍"或"泮宫"。《礼记·王制》载："大学在郊，天子曰辟雍，诸侯曰泮宫。"可见，西周已经有了两种不同等级的大学。今天为大家所熟知的太学则始于西汉武帝时期。隋朝在都城设国子寺，下设太学、国子学、四门学等，炀帝时又改称国子监，此名称一直沿用至清代。

北京国子监建于元代。元成宗大德年间，依照左（东）庙右（西）学的传统规制，先后在大都建成孔庙和国子监。国子监是北京最早的高等教育机构，它的建立，奠定了北京文化"首善"地位的基础。之后，历元、明、清三代，国子监的教化意义被封建统治者一再强调，北京"首善"文化的至尊地位也从而不断得到巩固和强化。国子监的大门，称"集贤门"，门前的大街，

---

① 乾隆官修《清朝文献通考》卷六十五，学校三，浙江古籍出版社2000年版，第5453页。

称"成贤街",街上竖立牌坊,上书"崇教"二字,处处体现了尊崇教育、造就贤才之意。

明清两代非常重视国子监。明代皇帝经常亲临国子监彝伦堂"临雍视学",聆听祭酒、司业讲经,奖掖师生弘文励教。至清代乾隆时期,更增建辟雍殿,亲自主持讲学典礼,命大学士、祭酒进讲四书、《周易》,其时立于辟雍门外听讲官员及诸生达3088人。为强化太学的教化作用,统治者屡次颁诏以申其义。康熙八年,敕谕国子监祭酒司业等官曰:"朕惟圣人之道高明广大昭垂万世,所以兴道致治敦伦善俗莫能外也。朕缵承丕业文治诞敷景仰先哲至德,今行辟雍释奠之典,将以鼓舞人才,宣布教化。"[①] 同治元年年底,清政府再次下诏敦促国子监祭酒、各省学政切实讲明正学,端正士风:"太学为自古培植人材之地,我朝振兴庠序,加意教习,世宗宪皇帝赏给库银,增置黉舍,首善之区,四方观瞻所系,必得如唐之韩愈、宋之胡瑗,躬行实践,讲明正学,以为表率,人材自能蒸蒸日上。"[②]

其学生选拔之法,"每岁天下按察司选生员年二十以上、厚重端秀者,送监考留。会试下第举人,入监卒业。又因谏官关贤奏,设为定例。府、州、县学岁贡生

---

① 《清圣祖圣训》康熙八年乙酉四月戊寅,燕山出版社1998年版,第255页。

② 璩鑫圭等编:《中国近代教育史资料汇编:学制演变》,上海教育出版社2007年版,第147页。

员各一人，翰林考试经、书义各一道，判语一条，中式者一等入国子监，二等达中都，不中者遣还，提调教官罚停廪禄。"其教学之法，则"每旦，祭酒、司业坐堂上，属官自监丞以下，首领则典簿，以次序立。诸生揖毕，质问经史，拱立听命。惟朔望给假，余日升堂会馔，乃会讲、复讲、背书，轮课以为常。司教之官，必选耆宿。"①

明清时期，国子监极为兴盛。其学生的招收范围远不限于北京一地，甚至不局限于繁华地区，而是及于居处偏远的"荒裔殊族"。明代国子学初设于应天，永乐元年始设北京国子监。明迁都北京后，以京师国子监为南京国子监，而太学生有南北监之分矣。北京国子监之兴，不仅使直省士子云集辇下，而且云南、四川的土官生，日本、琉球、暹罗诸国的官生入监读书者络绎不绝。至成化、正德时，琉球生亦有入太学读书者。永乐二十（1422）年，入读国子监人数达9900多人，进入鼎盛时期。清代"世祖定鼎之初，即仿古太学之遗意设立国子监，俾八旗子弟与直省贡监生得从容肄业，其中而以祭酒司业等董率之。当是时，郁郁者文，彬彬者士。甚至荒裔殊族亦向风慕义，率其子弟来读我太学书者。"②

国子监培养人才层次之高、数量之众，为府、州、

---

① 张廷玉等：《明史》卷四十五，选举一，清乾隆武英殿刻本。
② 刘锦藻：《清朝续文献通考》卷九十六，学校三，浙江古籍出版社2000年版，第8555页。

县学所望尘莫及。历科进士多出太学，而自元代始，高中进士者其名字被刻在进士题名碑上，立于孔庙前，以示荣耀。仅明清两代中进士者即达到51624人，从中可见太学育才之功。

为大力推广儒家文化，促进各族文化交流，元朝还创立蒙古国子学和回回国子学，传播宋儒理学，普及蒙古新字（由藏族人、帝师八思巴创造的蒙古新字）和亦思替非文学。明永乐年间设四夷馆，专门翻译边疆少数民族及邻国的语言文字。内分蒙古、女直、西番、西天、回回、百夷、高昌、缅甸八馆，后增八百、暹罗二馆，供监生学习蒙文、藏文、维吾尔文、傣文、缅甸文、梵文等并从事翻译工作。清代国子监则设有八旗官学。太学之外，京师还有地方最高学府顺天府学以及专收宗室子弟的宗学等。可以说，在号称"自宗室以逮八旗，自京邑以达直省，自幼童以至成人，迄至重译要荒子弟，靡不渐以仁，摩以义"[①]的全国教育体系中，北京乃首脑和核心。全国立学弘教，不仅自京师始，更惟京师马首是瞻。

此外，清朝颁布鼓励书院发展的文教政策，以满足科举取士的需要，这刺激了北京书院的发展，北京地方官纷纷创办书院，为书院选拔师资力量和筹措资

[①] 乾隆官修《清朝文献通考》卷六十三，学校一，浙江古籍出版社2000年版，第5435页。

金等。康熙三十九年（1700），顺天府尹钱晋锡创办大兴义学，数年后，在此基础上，建成清代北京第一所书院，这就是顺天书院。此后，通过地方士大夫的努力，使清代北京书院达到12所，登上历史巅峰。有学人据此指出，"科举与北京书院共存千余年，相互影响，相互激荡。在科举与北京书院的互动关系中，科举占据主导地位，主要体现为科举对书院教育的规范性影响。科举引领着北京书院的兴衰、发展方向、教学内容、考试内容，甚至考试程序；而北京书院则成为全国科举考试生源的来源地，许多书院生徒在此受到科举考试训练，并且由此荣登龙门，或成为官吏，或成为学者，为科举考试制度注入了活力"[1]。影响所及，即使科举制度废除后，这样一种注重文化的氛围并未改变。"随着1905年科举制度的废除，士大夫这一将知识文化和国家政治直接相连的身份群体终止了其两千多年的发展历史，都市之中的新式学校、媒体和社团作为现代文化发展的基础建构开始召唤基于学术独立的新型知识分子群体。"[2]

---

[1] 赵连稳、许文雅：《科举与北京书院的互动关系》，《广州大学学报》（社会科学版）2015年第2期。

[2] 王丽媛：《从科举制中心到新文化发源地——近代教育转型与北京城市文化空间》，《文化研究》2017年第1期。

第二节　群英荟萃的人才渊薮

在中国古代，对最高层次人才的选拔都是在都城完成。选人之法，谓之"选举"。"选举之法，大略有四：曰学校，曰科目，曰荐举，曰铨选。学校以教育之，科目以登进之，荐举以旁招之，铨选以布列之，天下人才尽于是矣。"科举考试为选拔人才最重要的途径，明清时期，每三年都要在京举行一次科考会试，届时全国各地参加会试的士子聚集京师，一种文人集中寓居的形式应运而生，这就是北京会馆最早和最重要的一类——试馆。会馆是明清时期兴起于北京的一种特殊馆所，主要供同乡或同行集会或寄寓之用。据《帝京景物略》记载："尝考会馆之设于都中，古未有也，始嘉、隆间。"会馆之出现，原本出于对都城流动人口加强治安管理的需要。"盖都中流寓十土著，游闲屦士绅，爱隶城坊而五之。台五差，卫五缉，兵马五司，所听治详焉。惟是四方日至，不可以户编而数凡之也。"于是建会馆，使集中居住，以便于管理。会馆建设和维持所需经费，主要由各地在京经商者集资而来。而会馆的兴盛，则主要是京师对人才的吸引和聚集作用所致："京师为人文荟萃之地，商贾辐辏之区，不设公所，则观光贸易者，行旅甫至，不免有宿栈假旅之烦，即仕宦坐商欲会同而联乡谊，亦未免参商卯酉矣。"①

在 1905 年废止科举考试之前，北京共举行会试 201 科，每科应试的人数达六七千人，所以全国各地前后进京应试的举子达 130 多万人次，如果加上随行人员，总人数接近 200 万人次。随着到北京的文人、商贾日益增多，会馆数量也迅速增加。清代康雍至乾嘉短短数十年间，北京会馆的数量骤增至数百家。"各省人士，侨寓京都，设馆舍以为联络乡谊之地，谓之'会馆'，或省设一所，或府设一所，或县设一所，大都视各地京官之多寡贫富而建设之，大小凡四百余所。"② 据李金龙、孙亚兴《北京会馆资料集成》一书统计，北京共出现 400 多所会馆，其中有 387 所建于清代。会馆的最早出现，主要用于安排进京参加会试的士子居住，故曰会馆，又称试馆。后来除试馆外，又出现三类会馆，一类是同乡行会性质的"行馆"，另一类是"移民会馆"，为迁居他乡的同乡聚会的场所，最后一类是殡葬会馆，主要为来京奔丧的死者亲人提供住宿。不过，在这四类会馆中，试馆数量最多，占会馆总数的 80% 以上。可见，会馆是北京人才荟萃的一个重要标志。

同时，会馆的分布也呈现出高度集中的特征。由于明代赴京赶考的士子要从广安门进京，"内城馆者，绅

---

① 《重修浮山馆碑》，转引自于德祥：《宣南文化特色之——会馆》，《北京档案》2015 年第 11 期。

② 徐珂：《清稗类钞》第一册，宫苑类，中华书局 1984 年版，第 185 页。

是主；外城馆者，公车岁贡士是寓。"① 进京赶考的士子们大多住在外城。到了清代实行"旗、民"分治后，除极少数汉族大臣被皇帝在内城赐第居住外，其余汉人只能在外城即南城居住。这样一来，南城更成为会馆密布和士人云集的地方，号称"宣南士乡"。

明清时期的宣南，名贤荟萃。住在达智桥胡同河北会馆的明朝一代名臣杨继盛因仗义执言，弹劾严嵩被害，被誉为"不与炎黄同一辈，独留清白永千年"；住在珠市口西大街阅微草堂的纪晓岚写下了《四库全书》总目提要和《阅微草堂笔记》；住在上斜街50号番禺会馆的龚自珍发出了"我劝天公重抖擞，不拘一格降人才"的变法呐喊；曾住在报国寺西小院的顾炎武以"天下兴亡，匹夫有责"的名句激励了一代又一代有情怀的中国人；住在储库营胡同15号的汉学大家阎若璩写出了著有考据学经典之作《古文尚书疏证》；住在歙县会馆的乾嘉学派的代表人物戴震则著有《孟子字义疏证》。此外，这里还居住过明代著名书画家李笠翁，著名诗人施愚山，货币改革家王茂荫，近代民族英雄林则徐，维新变法的旗帜人物康有为、梁启超、谭嗣同，清代乾嘉学派代表人物惠栋、胡渭、万斯同、钱大昕、朱筠、王引之、王念孙等（戴震、阎若璩亦为乾嘉学派代表），以及京剧大师杨小楼、谭鑫培、尚

---

① 《稷山会馆唐大士像》，刘侗：《帝京景物略》卷之四，西城内，北京古籍出版社1983年版，第180—181页。

小云、荀慧生、张云溪、孙玉堃,等等。

　　文人学士汇集宣南,雅集唱和,交纳往还,不仅塑造了一种独特的文化生态,也构成其时都城文化异彩纷呈的重要组成部分。以嘉道年间存在于京师宣南、以汉族士大夫文人集团为主体的"宣南诗社"为例,其中便不乏太学出身的成员。他们初以"消夏"为名目聚集在一起,"或春秋佳日,或长夏无事,亦相与命俦啸侣,陶咏终夕,不独消寒也。尊酒流连,谈剧间作,时复商榷古今,上下其议论,足以启神智而扩见闻,并不独诗也。"① 这一时期文人集会中,思想文化的传播也日益活跃:"嘉庆中翁覃溪一班人讲碑板,法时帆一班人讲掌故,道光中祁春浦一班人讲说文,何愿船、张石舟一班人讲西北史地,魏默深、汤海秋、龚定庵一班人讲经济,曾涤生、倭艮峰一班人讲理学,同治、光绪之间,京中士大夫讲气节,讲风雅,光绪中叶讲时务,讲变法,辛丑壬寅以后讲新政。百年中风尚变迁,大略如此。尤其是讲变法以来,除了纯粹学术以外,又加上政治上的放百高论,更觉有声有色。"②

---

① 陈平原、王德威编:《北京:都市想像与文化记忆》,北京大学出版社 2005 年版,第 53 页。
② 铢庵:《文化城的文化》,《宇宙风》1936 年第 29 期,转引自王丽媛:《从科举制中心到新文化发源地——近代教育转型与北京城市文化空间》,《文化研究》2017 年第 1 期。

士子聚集又进一步促进了北京文化业的繁盛。琉璃厂本为明代官窑制造琉璃瓦的地方，至乾隆间成为市肆。尤其每年正月，这里成为公卿士子雅游之所，极尽繁盛。据《北平风俗类征》记载，琉璃厂"街长里许，百货毕集，玩器书肆尤多。每年元旦至十六日，游者极盛，奇景异观，车马辐辏"，名曰"逛厂"。当是时，"凡骨董、书籍、字画、碑帖、南纸，各肆，皆麇集于是，几无他物焉。上至公卿，下至士子，莫不以此地为雅游，而消遣岁月。……此厂肆主人，皆工应对，讲酬酢，甚者读书考据，以便与名人往还者，不知凡几，不似外省肆佣之语言无味，面目可憎也。"方朔《厂肆诗》更渲染出了其时琉璃厂浓郁的书香气息："都门当岁首，街衢多寂静，惟有琉璃厂外二里长，终朝车马时驰骋。厂东门，秦碑汉帖如云囤；厂西门，书籍笺素家家新。"《同治都门纪略》亦有诗描绘厂甸之胜："新开厂甸值新春，玩好图书百货陈；裘马翩翩贵公子，往来都是读书人。"[①]

　　此外，元明清时期蒙、汉、满、西域等各族文人的交往，亦在北京乃至中国文化史上留下了很多佳话。

[①] 李家瑞：《"中研院"历史语言研究所专刊之十四：北平风俗类征》，商务印书馆1937年版，"中研院"历史语言研究所1992年影印本，第14、16—17、15页。

第三节 汇集大成的文化成就

元明清时期北京所取得的文化成就不仅超越前代，更为世界所瞩目。

当马可·波罗来到北京时，北京文化之发达令其感叹不已：这里不仅有五千多个星象家，制造了能依据星宿运行轨道由图象观测气候变化的星象仪，而且修建了二十七个天文观测站，进行大规模的天文观测。在郭守敬主持下修订的授时历，与现行公历格利高里历相同，但比后者出现早了三百年。此外，关于政治、经济、哲学、宗教、军事、音乐等方面的书籍应有尽有，琳琅满目。

明清则集前代文化之大成，在城市建设、图书编纂、宗教、科技、人文艺术等方面都登上了封建时代的巅峰。

明清对前朝各代的图书进行了大规模的整理和编纂，而北京作为首都和文化中心，自然也成为文献整理和图书编纂的大本营。明代甫建都北京，即"诏修撰陈循取文渊阁书一部至百部，各择其一，得百柜，运致北京。"又令人将文渊阁所贮书籍，包括御制文集及古今经史子集等书，逐一点勘，编成书目，以"考风气之正变，辨古学之源流"。[①] 据《中国丛书综录》统计，宋元及以前

[①] 张廷玉等：《明史》卷七十二，艺文一，清乾隆武英殿刻本。

的丛书总共约64种,到明代即达到377种。其中最为著名的当属永乐年间内阁首辅解缙总编的《永乐大典》。这是一部集古代图书大成的百科全书式文献集成。该书初名《文献大成》,22877卷(其中目录60卷),11095册,约3.7亿字,汇集了经、史、子、集、释藏、道经、农艺、医学等古今图书七八千种,显示了中国古代科学文化的光辉成就,被《不列颠百科全书》誉为"世界有史以来最大的百科全书"。在上述图书中,官修图书占了很大的比重。从《明史》到《清一统志》,从《古今图书集成》到《四库全书》,从历朝实录到大清会典、各种方略,自康熙以迄光绪年间,官修图书的编纂连续不断,成绩斐然。据统计,清前期官修图书共二百多种,平均每年都要编成两种。如此高效的图书编纂工作需要大量的人员参与,在康熙年间"翰林院编检几至二百人,庶吉士亦五六十人。"① 书籍编纂以馆修的形式进行,每修一书即开一馆,书成停馆。这些编书馆大多设在北京,或以北京为主。据载,仅在顺治、康熙、雍正和乾隆四朝,即有圣训馆、大训馆、诰命房、教习堂、通鉴馆、孝经馆、实录馆、方略馆、国史馆、八旗志书馆、一统志馆、明史馆、四库馆、全书馆等数十个编书馆出现在北京。②

---

① 《钦定总管内务府现行则例》(武英殿修书处卷),转引自《清宫述闻》,第339—340页。

② 王建伟主编:《北京文化史》,人民出版社2014年版,第201页。

第五章　崇文厚德的人文传统

　　清代所编之书，多以总结前代成就为主旨，出现很多集前代大成之作。尤其在清代前期，由官方组织编写的各种字典、类编、集成、全书层出不穷，令人叹为观止。如：《佩文斋书画谱》是有关我国历代书画艺术的类书。《古文渊鉴》是清宫内最大的一部历代文章总集。《佩文韵府》《康熙字典》《骈字类编》是分类编排的大型辞书。《律历渊源》《律吕正义》则是有关乐律历算的专书。康熙年间完成、雍正年间刊印的《古今图书集成》更是我国历史上最大的一部铜活字印本图书。该书总计一万卷，分三十二典，共六千一百零九部，五百二十函，另有目录两函。乾隆时，图书的编纂刊印更进入了全盛时期。其中最重要的活动有，详校并刊印武英殿本《十三经》和《廿一史》，整理校核《永乐大典》，历时十年纂修成《四库全书》。《四库全书》有三百六十余学者参与纂修，三千八百二十六人专司缮写，收书三千四百六十一种，计七万九千三百零九卷，装成三万六千三百册。另外，还编有《四库全书总目提要》二百卷，《四库全书考证》一百卷，未收入四库而仅存目录的六千八百一十九部，九万四千零三十四卷。此外，"武英殿聚珍版丛书"专收价值极高的古籍，共有一百三十八种，二千四百一十四卷。据统计，武英殿刊印殿本书籍共三百零七种，一万九千八百三十八卷。①图书编纂的丰硕成果极大

---

① 曹子西主编：《北京通史》第七卷，北京燕山出版社2011年版，第416页。

推动了学术的进步。由顾炎武等人开创,以音韵训诂和考据见长的学风得到继承和发展并自成一派,即乾嘉学派。清代后期,面临"数千年未有之大变局",许多有识之士"睁眼看世界",编写出版了不少影响深远的著作,经世之学迅速崛起。如林则徐编写的《四洲志》首次对亚、非、欧、美四大洲30多个国家地理、政治、社会状况进行了简要介绍,是近代中国第一部比较完整的世界地理志书。魏源以此为基础编成的《海国图志》不仅对开启民智意义深远,甚至直接带动了日本的明治维新运动。而由祁韵士、徐松、程春海、程大理、龚自珍、魏源、张穆、何秋涛等所主导的西北史地研究的崛起,乃是经世之学兴起的重要表现。

元明清时期,北京的科技、文学、戏曲等方面也取得了很多突破性的成就。戏曲艺术方面,清代随着以二黄调为主的徽剧和以西皮调为主的汉剧先后进入北京,并时常合班演出,两种艺术形式逐渐融合,并吸收当时同样活跃于北京宫廷和民间舞台的秦腔、弋腔和昆曲等艺术形式中的精华成分,产生了一种新的剧种——京剧,京剧在北京逐渐发展壮大,最终成为国剧。文学方面,元代出现的元曲成为继唐诗、宋词之后我国文学领域的又一大瑰宝。明清时期出现的中国四大名著《西游记》《水浒传》《三国演义》和《红楼梦》则将中国古典小说推上巅峰。

此外,元明清时期北京在科技、建筑、艺术、宗教等领域也取得了不俗的成就。特别值得一提的是，北京很多文化成就源于社会生活，并在社会发展中不断得到丰富和发展。如我们今天所熟知的长城文化带、运河文化带、三山五园文化带等，其主要形成和发展期均在元明清时期。

第六章　协和宁远的天下情怀

作为一座有着千年建都史的城市，北京见证了源远流长的中华文明，蕴含着中华民族深厚的文化底蕴，彰显着大国首都的文化自信，流淌着协和宁远的天下情怀。这种情怀源自其多元交汇的文化基因，蓄养了协和万邦的文化理念，呈现出借鉴会通的文化姿态。

第一节　多元交汇的文化基因

多元文化交汇可谓是北京文化的基因，先天深植骨髓。远在先秦时期，北京就是来自北方的游牧文化、来自南方的农耕文化以及来自东部的渔猎文化的交汇之处，拥有其他地区所没有的多元文化交汇的文化基因。特别是自金代成为首都以后，历经金元明清三代，这样一种多元交汇的文化基因更是得以进一步发展壮大，促使北京不但发展成为中华民族内部多元文化交融的中心，而且成为中华文化与其他文明相互交流的重要枢纽。

第六章　协和宁远的天下情怀

以往的史学观点往往认为，东西方文化交流的重心在海洋，而不在欧亚大陆。即使是有志于纠正西方中心主义的历史学家弗兰克所出版的名著《白银资本》，虽然反对用西方中心主义来认知世界文化交流的中心，也仍没有脱离海洋交流为主的倾向。近年，日本史学家杉山正明出版史学专著《忽必烈的挑战：蒙古帝国与世界历史的大转向》，真正挑战了以往的海洋中心主义观点，指出蒙古帝国的诞生是东西方文化交流的第一波，认为其首先缔造了"欧亚世界通商圈"：

> 忽必烈政权，吸纳了当时拥有世界最大经济力和产业力的中国本土，采取了自由经济政策，奖励超越区域与"文明圈"框架的大型通商。无论是谁，身在何处，都可以做生意。人种或民族皆无所谓。只要支付百分之三点三的商税与关税，就可以自由通行。……忽必烈与策士们所构想的成果，确实在忽必烈长逝后的十三世纪末左右清楚浮现。然后，到了十四世纪左右，就名副其实地出现了横亘欧亚东西的人与物的大交流。[①]

元代是中国历史上最具有世界帝国性质的王朝，统

[①] ［日］杉山正明：《忽必烈的挑战：蒙古帝国与世界历史的大转向》，周俊宇译，社科文献出版社2013年版，第238页。

治区域空前辽阔。《元史·地理志》评曰:"自封建变为郡县,有天下者,汉、隋、唐、宋为盛,然幅员之广,咸不逮元。汉梗于北狄,隋不能服东夷,唐患在西戎,宋患常在西北。若元,则起朔漠,并西域,平西夏,灭女真,臣高丽,定南诏,遂下江南,而天下为一。故其地北逾阴山,西极流沙,东尽辽左,南越海表。盖汉东西九千三百二里,南北一万三千百六十八里;唐东西九千五百一十一里,南北一万六千九百一十八里;元东、南所至不下汉唐,而西北则过之。"而作为东西方文化交汇的中心点之一,则是元大都(北京)。作为多元文化交汇中心由来已久的北京,在蒙古帝国崛起以后得到发扬光大,成为元大都,对世界文化和经济的交汇起到了极其重大的作用。

据记载,忽必烈对元大都原有的城墙进行了大规模改造,以运河串联海运与陆运,使之变成了"与海相连的都城",杉山正明指出"朝着通州这个方向,也有在海港直沽重新装载集积到河船的海运物资,顺着自然河流白河的缓缓水流而来。直沽是一个不只与江南,也与东南亚、印度洋、西亚方面相连的海洋窗口。这个直沽正是现在天津的前身。北京与其外港天津的这种形式,其实是创始于蒙古时代"。并且:

> 所有一切建设的枢纽,就是作为巨大帝都,兼具水陆机能的大都。如同已经叙述的,如果说"首

第六章 协和宁远的天下情怀

都圈"群及大大小小的忽必烈一族"王国"是忽必烈政权的骨干,那么大都就正像是心脏一般。

陆与海两方面所造成的欧亚人流与物流,从一开始就被计划要汇集到大都来。大都是忽必烈与其策士们所主导促成的超大型循环的起始基地。相对于过去作为蒙古首都的哈拉和林是中央欧亚的阶段性世界之都,大都则是以包覆欧亚世界的全体中心来被创造的。[①]

元代以后,中亚地区长期割据战乱,我国陆路的对外交通基本切断,因此经由海路对外交流,也就成为中华民族一个新的对外交流模式。其中最著名的事件,自然就是明成祖朱棣命令郑和下西洋。耐人寻味的是,朱棣自明朝建立后被封为燕王,就藩北平(今北京),长期以北京为活动中心,最后还把明代的都城从南京迁到了北京。虽然长期以内陆为活动中心,他却如此深切意识到了对外交流的重要性,先后多次命令郑和下西洋开通海陆交通。据记载,郑和下西洋,携带着当时世界上最庞大的远洋船队,每次出海以六十多只大、中型宝船为主,辅之以其他舰船,共"乘巨舶百余艘"。郑和船队前后七次远航,历时三十余载,同东亚、东南亚、南

[①] [日]杉山正明:《忽必烈的挑战:蒙古帝国与世界历史的大转向》,社科文献出版社2013年版,第158—160页。

亚、西亚以及东非的数十个国家和地区进行了大规模的物质交流活动,广泛采买外国特产,一直抵达到了今日非洲,"充舶而归",开辟了中国对外交流的新篇章。长期以内陆的北京地区为活动中心的朱棣,为什么具有这样一种重视海陆交通的先进意识?一个重要原因,毫无疑问是多元交汇的北京文化对其耳濡目染,产生了重大影响的结果。如果忽略北京文化是三种文化交流的重要地区,并且继承了元大都的海路交融文化,我们很难想象朱棣会想到派遣郑和下西洋这样一种对外交流方式。可以说,因为北京文化之于明成祖朱棣的影响,深远改变了中国的对外交流历史,也改变了人类对外交流的历史,由此也可以见出北京文化之重要性。

明成祖朱棣以后,北京作为中西方文化交流的重要枢纽,这样一种重要位置仍然没有改变,并且在明中后期迎来了更为巨大的历史文化变革,再一次改变了中国历史甚至世界历史,那就是明中后期的北京士大夫与西方传教士的主动交流。我们知道,明代中后期,以达·迦马为首的葡萄牙船队成功实现了环球航海,欧洲势力随即向东方殖民,葡萄牙武装船队占领了印度的果阿,紧接着占领了马六甲,随后出现在中国东南沿海。尾随葡萄牙而来的西方列强,特别是西班牙占领吕宋(今菲律宾),开辟了从西班牙经吕宋到中国的贸易路线。由此,一批批西方传教士沿着新开辟的贸易路线抵达中国,致力于宣传基督教的教理。

第六章 协和宁远的天下情怀

以礼部尚书、内阁大学士徐光启和历局监督李之藻等为代表的明代士大夫主动欢迎外来文化。特别是利玛窦将两件自鸣钟进献给万历皇帝以后,从皇帝到士大夫都对西洋的钟表器械产生了极大兴趣。利玛窦与当时北京的官员士子交往频繁,据学者考证,其在京结交的士大夫就不下 50 余位,他这样记录自己跟他们的交往活动:"两年前我寄给大人的《世界地图》在中国已翻印十多次了,对我们推崇备至,因为这类作品是中国未曾看见过的。……我在中国利用世界地图、钟表、地球仪和其它著作,教导中国人,被他们视为世界上最伟大的数学家;虽然我没有很多有关天文的书籍,但利用部分历书和葡萄牙文书籍,有时对日月蚀的推算较钦天监所推算的还准确,因此当我对他们说我缺少书籍,不能校正中国历法时,他们往往并不相信。所以,我建议,如果能派一位天文学者来北京,可以把我们的历法由我译为中文,这件事为我并不难,这样我们会更获得中国人的尊敬。"① 由此可以看出,明代士大夫们是非常注意吸收西方文化中的科学内容,将它引入中国文化的,这一跨文化交流的结果,是导致在明代中后期中国科学文化出现了一次重大飞跃,并且,这些文化科学成果的传播

---

① [意]利玛窦:《利玛窦全集》第 4 册,台北光启出版社 1986 年版,第 285—302 页。

及印刷，很大一部分就在北京进行。①

这充分说明，经过元代和明成祖朱棣的努力扩展，北京的多元文化基因在原有基础上得到了前所未有的扩展，更加秉具放眼看世界、接受和吸纳外来文化的胸襟。

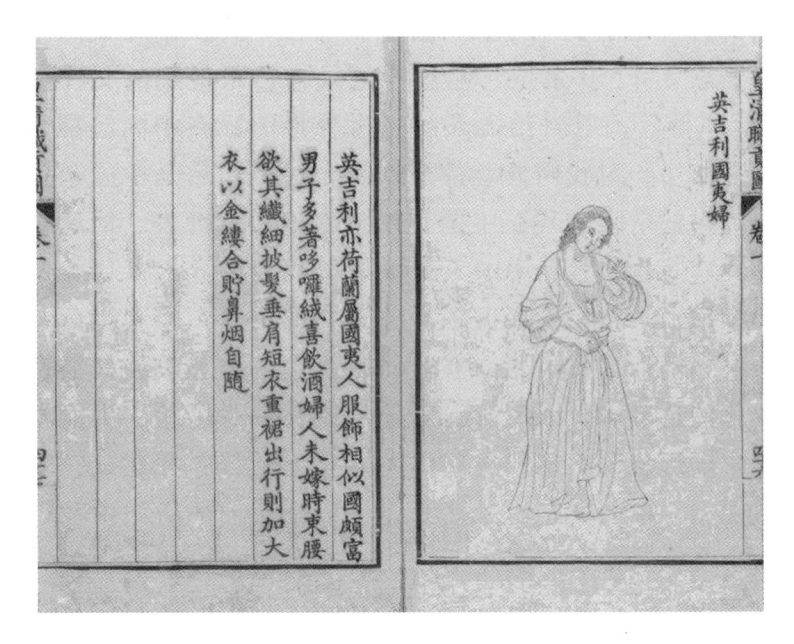

《皇清职贡图》中的英国妇女

明清易代以后，北京作为中国对外交流的枢纽地位仍然没有改变，满族统治者同样欢迎西方传教士传授的各种科学文化知识。据记载，顺治十二年二月十七日，

---

① 参考顾长声《传教士与近代中国》第一章，上海人民出版社1981年版。

第六章 协和宁远的天下情怀

传教士安文思等向顺治帝进献"天主圣像西书一本,西洋大自鸣钟一架,西洋万像镜一架,西洋按刻沙漏壶一具,西洋鸟枪一枝,西洋画谱一套"。最典型的是康熙,他特别热衷西方科技文化,经常向传教士请教各种知识,甚至花一整天跟南怀仁等传教士在一起学习数学、天文学和音乐。传教士惊喜地写信回国汇报:"先生们,中国皇帝对我们的科学酷爱有加,他甚至计划让我们把所有的科学书籍都译成他们的语言文字,这不仅仅是为了他个人的学习(他已开始满腔热情地学习这些科学,并取得了令人难以置信的成功),而且是为了向储皇子讲授这些科学,然后再将这些科学书籍在帝国内公开发行,传于子孙后代。"[①] 康熙器重南怀仁等传教士,不仅是为了学习理论知识,也有实用的目的。南怀仁不仅善于修历,讲授西法,也同样善于火器制造。他发明的轻型炮,当时是清朝非常先进的武器,在平定三藩之乱和收复雅克萨的战斗中发挥了重要作用。因为传教士们的贡献,康熙还特别批准礼部议奏,解除禁教令,允许传教士在中国传教。

明清两代,以北京为中心,中国士大夫跟西方传教士直接交流,并且跟他们共同合作,对许多西方文化知识进行翻译,或者进行重新研究,加以刊刻,据学者钱

[①] [法]伊夫斯·德·托玛斯·德·博西耶尔夫人:《耶稣会士张诚——路易十四派往中国的五位数学家之一》,辛岩译,大象出版社2009年版,第88页。

存训统计，从1584年至约1790年，耶稣会士在中国译著西书凡437种，其中宗教类书籍（包括圣经、神学、仪式、史传、杂录）共251种，人文科学类书籍（包括哲学和心理学、伦理、政府、教育、语言和字典、文学、音乐、地理和舆图、杂录）共5种，自然科学类书籍（包括数学、天文、物理、地质、生物和医学、军事科学、杂录）共131种。① 因为传教士最初多不懂或者不熟悉汉语，他们对于西方文化的介绍和刊刻，不可避免要获取士大夫的支持和帮助。这样庞大的书籍得以出版和刊刻，本身就是一件极其重大的文化交流事业，特别是其中关于天文类以及地理类的书籍，极大改变了中国文化的知识储备，对后世影响极为深远。中国史研究专家李约瑟这样评论："这种交流作为两大文明之间文化联系的最高范例，仍然是永垂不朽的。"而许多书籍的翻译和刊刻都在北京，正好说明了北京对于吸收异域文化的兴趣之深。

还要说明的是，以北京为基地的中国文化与欧美文化的交流是双向的。西方传教士在返回欧洲的时候，也带回了很多中文书籍，特别是中国经典，诸如《书经》《春秋》《易经》《本草纲目》等，还通过书信、汇报等方式向法国宫廷和社会介绍了大量关于中国历史、地理、

---

① 钱存训、戴文伯：《近世译书对中国现代化的影响》，《文献》1986年第2期。

第六章　协和宁远的天下情怀

政治、文化等方面的情况，特别是法国传教士把大量中文书籍和见闻传入欧洲文化中心巴黎以后，产生了爆炸性的影响，随即迅速辐射到欧洲其他地方，对于欧洲认识中国文化起到了重大作用。特别是，借助西方传教士著译和报道，有关中国的传统文化及道德等逐渐被欧洲人所认识，对法国启蒙思想家产生了震动，引发了西方对中国文化和政治体制的向往。比如法国启蒙运动思想家伏尔泰对中国政治制度就充满向往："人类肯定想象不出一个比这更好的政府：一切都由一级从属一级的衙门来裁决，官员必须经过好几次严格的考试才被录用。在中国，这些衙门就是治理一切的机构"。①

遗憾的是，清中期以后，从乾隆皇帝开始，一方面是由于统治者陶醉于自己的成功，自以为是天朝上国，淡化甚至压抑了对外文化交流的兴趣，放弃了吸收外来文化，另一方面是由于国势日衰，而西方殖民者处于上升期，咄咄逼人，统治者为了维护自己的统治，采取了闭关锁国政策，结果导致中国文化逐渐丧失了对外进取的精神，在世界文化大发展的潮流中逐渐落伍，直到被1840年的鸦片战争惊醒，才逐渐恢复对外交流、积极吸收外来文化的态势。

中华人民共和国成立以后，中国人民为维护国家安

---

① ［法］伏尔泰：《风俗论》，蒋守锵译，商务印书馆1997年版，第460页。

全和世界和平，发展与世界各国之间的友好关系，积极开展对外交流。而作为新中国首都的北京，就成为中国对外交流的通道窗口，从1949年迄今，中国文化的对外交流日趋蓬勃发展，都离不开新北京这样一个窗口。

第二节 协和万邦的文化理念

在讨论古代中国对外交流的时候，西方汉学经常使用"朝贡制度"（tributary system）这样一个概念，以描述以中国为核心的朝贡关系网络。这个概念是西方汉学家为了描述古代中国与西方不同的对外交流制度而特意发明的，并获得了普遍认可。有时候，日韩学者也使用诸如"册封体制"、"华夷秩序"（或"华夷国际秩序"）、"天朝礼治体系"、"中国的世界秩序"等类似表述。

大致而言，从西周开始，东亚就逐渐形成了一个以中国为核心的朝贡贸易圈。长期从事朝贡制度研究的日本学者滨下武志认为："以中国为核心的与亚洲全境密切联系存在的朝贡关系即朝贡贸易关系，是亚洲而且只有亚洲才具有的惟一的历史体系，必须从这一视角出发，在反复思考中才能够推导出亚洲史的内在联系。"[①]

[①] ［日］滨下武志：《近代中国的国际契机：朝贡贸易体系与近代亚洲经济圈》，朱荫贵、欧阳菲译，中国社会科学出版社1999年版，第30页。

第六章　协和宁远的天下情怀

在这个朝贡贸易圈中,"夷国"须向中国臣服,取得朝贡资格,接受中国册封,然后才能合法发展与中国的贸易关系。在中国朝贡制度之下的国与国交流方式,包括朝贡、赏赐、册封、互市、通使等,涉及政治、经济与文化各个方面。"夷国"定期前来中国举行朝贡仪式,是其臣服与归化的象征,也是文化感召力的体现。当时处于朝贡制度中的双方,利益是有一定区别的。美国学者费正清认为:"对于中国的统治者而言,朝贡的道德价值是最重要的;对于蛮夷来说,最重要的是贸易的物质价值。"

在这样一种制度之下,一方面是"夷国"对中国的物产以及文化具有强烈需求,获取了巨大的经济利益;另一方面则是中国通过朝贡贸易向"夷国"的经济流动,获得了安定的周边环境,达到了"守在四夷"的政治目的。双方就这样实现了互利互惠。滨下武志提出了"朝贡贸易圈"这个概念,并指出:

> 历来是把朝贡(册封)作为支撑排外的中华帝国体制的手段来理解。而我们认为,它是国内基本统治关系即地方分权在对外关系上的延续和应用。将中央—各省的关系延续扩大到外国和周边,将中央——各省——藩部(土司、土官)——朝贡诸国——互市诸国作为连续的中心——周边关系的总体来看待,并将其整体作为一个有机的体制来把握。

也就是说，以东亚为中心，包括东南、东北、中央、西北的亚洲各部，以及同印度经济圈交错的地区，这些地区作为整体的朝贡贸易圈发挥了作用。①

朝贡制度不是突然形成，而是经过几千年逐渐发展起来的，并随着中国在东亚地区的逐渐崛起和强大而臻于完善。这种贸易关系以和平方式为主，建立和维持的方式在于传统中国文化和经济的吸引力。这一朝贡制度的影响如此巨大，甚至注重武力征伐的元代统治者，虽然也不时恃着强大的武力东征西讨，先后出兵高丽、日本、安南、占城、缅甸、爪哇等国，但他们在统一中国的过程中也渐渐濡染中国传统，接受了朝贡制度，渐趋于和平贸易。比如元世祖就曾告诫东南沿海的地方官员：

  诸蕃国列居东南岛屿者，皆有慕义之心，可于蕃舶诸人宣布朕意，诚能慕义来朝，朕将宠礼之，其往来互市，各从所欲。（《元史》卷十，《世祖纪七》）

据不完全统计，元代来朝贡的国家有34个。元朝统治宣告结束以后，明朝取而代之，进一步汲

---

① ［日］滨下武志：《近代中国的国际契机：朝贡贸易体系与近代亚洲经济圈》，中国社会科学出版社1999年版，第31页。

取了以往王朝统治的经验与教训，对中央集权制度做了更完善的改革，其中也包括朝贡制度的改革，最终使朝贡制度达到了前所未有的新高度，臻于完善。明代的朝贡制度设置得更为系统，包括设立市舶司、朝贡行为规定、贸易品处理三个内容。其中，市舶司是朝贡制度的具体管理机构，通过对朝贡及朝贡贸易中种种行为的控制与管理，来贯彻中国政府的文化理念。所以毫不奇怪，有明一代，来华朝贡的国家数量之多，朝贡规模之大、手续之缜密、组织管理之完善，皆为历代所不及。

满族入关，统治中国以后，沿袭了明朝的朝贡制度，变革不多。需要说明的是，清代朝贡贸易的地点主要有两类：一是贡使入境的边境地区，由当地政府组织商民，一般在安置贡使的驿馆内进行交易，并由当地官员严格监督。二就是在北京的京师会同馆。比如康熙三年（1664）就规定：

> 凡外国进贡顺带货物，贡使愿自出夫力，带来京城贸易者，听。如欲在彼处贸易，该督抚委官监视，勿致滋扰。[1]

以琉球为例，清代朝贡人员分为进京、留边、摘回三部分。进京人员除向清廷呈送贡物外，可按规定在会

---

[1] 《大清会典事例》卷九十四礼部，清文渊阁四库全书本。

清政府外事省总理衙门

同馆交易3天或5天,留边人员被安置于福州柔远骚馆侧,负责将所携带的大量物品与当地商民进行交易,其余人员则返航回国。由此可见,北京不但是清代朝贡制度的指挥中心,而且是朝贡制度具体实施的重要场所。[①]

但是,恰恰在明朝所处的14世纪至17世纪,世界政治经济格局发生了重大转型,西方各国经过文艺复兴、地理大发现、宗教改革的冲击,逐渐形成了新兴的资本

---

① 参考李云泉:《明清朝贡制度研究》第二章,暨南大学2003年博士论文。

主义制度，建立起一套依靠国家暴力来维持商业垄断的贸易体系以及政治体系。这个贸易体系中盛行的是弱肉强食、征服与被征服的原则，并借助赤裸裸的武力攻击和殖民扩张，把这套资本主义殖民体系延伸到全世界。明朝中期，西方殖民势力已经到达明朝的边缘，也就是东南沿海，咄咄逼人。也就是说，从明代中后期开始，世界分成了两个庞大的贸易体系和国际交流体系：一方面是西方国家建立的依靠国家暴力维持商业垄断的贸易体系，另一个则是古代中国所建立的依靠自身经济和文化吸引力维持的朝贡制度。两套体系的此消彼长及竞争，构成了此后东亚对外交流体系三四百年的历史。

从世界历史上来看，西方国家建立的对外交流体系，充满了不平等，暴力冲突此起彼伏。这是因为，西方国家殖民体系的根本目的是为了侵占其他国家的利益，掠夺其他国家的产品，强制将其纳入欧洲贸易体系，最后吞并对方。因此，西方国家建立资本主义世界贸易体系的过程，也是西欧国家之间互相争战的过程，西方大国的崛起，诸如葡萄牙、西班牙、荷兰、英国、美国等，它们的兴衰无一不是瓜分世界多次发生战争冲突的结果：为了称霸印度洋，葡萄牙军队摧毁了摩尔人与埃及商人的贸易据点；西班牙为了排挤他国商人，保护本国商船，成立了无敌舰队，最终垄断了欧洲与东方及美洲的贸易；荷兰独立后，展开对西班牙与葡萄牙殖民地的抢夺，在17世纪中叶取代西班牙成为世界商业霸主；英国积极展开海外贸易争夺，于1588年重创西班牙无敌舰队，在17世纪中后期与荷兰展开贸易权争夺，从17世纪末开始与法国多次发生战争，争夺海上霸权，最终建立起"日不落帝国"……

相反，中国的朝贡制度基本上是一种国与国之间的和平交往方式。如前所述，中国建立朝贡制度，主要目的不是以武力征服他国，使其屈从，而是依靠"怀柔远人"使他国产生"向化之心"。它所体现的文化精神，强调"耀德不观兵"的"德化"，也就是《礼记·中庸》所说的"柔远人，则四方归之"。在古代中国看来，武力只是为了维护国家安全，而不是要去征讨他国，掠夺对方，所以明初时，明太祖朱元璋这样定下了对外交流的方略："海外蛮夷之国，有为患于中国者，不可不讨；不为中国患者，不可辄自兴兵。"还这样劝诫后世子孙："四方诸夷限山隔海，僻在一隅，得其地不足以供给，得其民不足以使令。若其不自揣量，来挠我边，则彼为不祥。彼既不为中国患，而我兴兵轻犯，亦不祥也。吾恐后世子孙倚中国富强，贪一时战功，无故兴兵，杀伤人命，切记不可。但胡戎与中国边境密迩，累世战争，必选将练兵，时谨备之。今将不征诸夷国名，开列于后。东北：朝鲜国；正东偏北：日本国；正南偏东：大琉球国（琉球群岛）、小琉球国（台湾）；西南：安南国、真腊国、暹罗国、占城国、苏门答腊国、西洋国、爪哇国、滥亨国、白花国、三弗齐国、渤泥国。"①

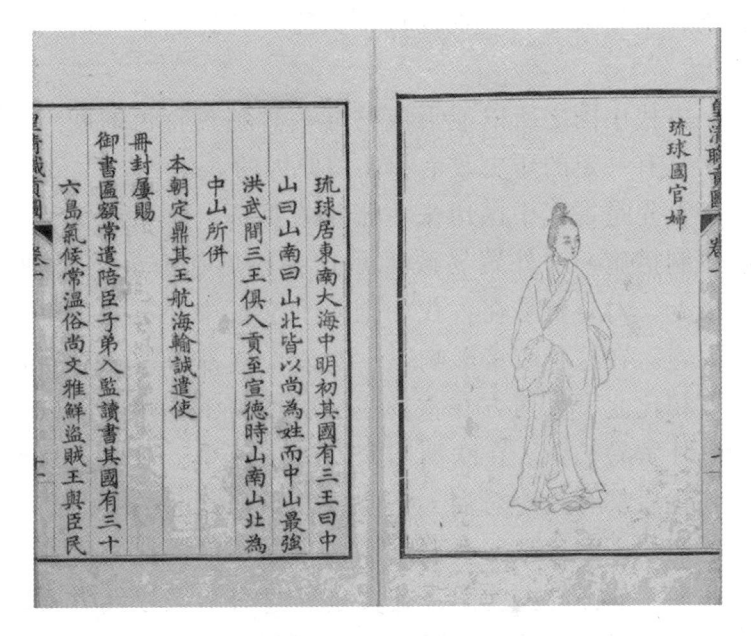

《皇清职供图》中的琉球国官妇

朝贡制度的发展,取决于政府的控制力与和平的商业贸易,这个体系所要确立的原则是"华—夷"关系。朝贡制度体现的是古代中国协和万邦的文化理念,而欧洲国家对外交流体系则崇尚强权和暴力。此种文化理念之差异,根源在于社会发展历史的差异,蕴含着不同文明的不同文化理念。有学者指出:"明朝对外政策最成功之处在于,其显示权威和实力的同时,却没有任何扩

---

① 朱元璋:《皇明祖训·箴戒章》。

张领土的野心和占有欲。明朝对于向中国朝贡的东南亚各国，不论大小，一视同仁，实施一种普遍平等的公平政策。"①

古代中国之所以能形成这样一种独具特色的朝贡制度，是有一定的历史政治和环境原因的。

首先是古代中国历来主张重农抑商，对商业贸易采取压制措施，对外贸易政策是这种措施在海外的延伸。基本上，对外贸易在古代中国对外交流中并不是最重要的内容。在这种政策影响下，明清中国都不鼓励对外贸易。相比之下，西方在重商主义的支持下，政府积极支持海外贸易扩张。在欧洲国家对外交流中，对外贸易的扩张背后都有政府对商人的支持。最早兴起的欧洲列强如葡萄牙，不过是一个蕞尔小国，之所以能把贸易推广到非洲、亚洲与南美洲，其实是通过海上强权武力殖民的结果。后起的欧洲列强如西班牙同样如此，也是通过建立强大的海军，然后全世界殖民，帮助商人占领和垄断市场。更后起的荷兰和英国在汲取葡萄牙和西班牙经验教训的基础上，发展出更为完善的对外交流手段，那就是在国内通过关税等手段打击别国商品，在国际市场上创造性地将政权、军事和商人力量组合成三位一体的股份公司来抢夺市场。

---

① 郑海麟：《郑和下西洋与明代对外关系之再认识》，《太平洋学报》2013年第3期。

第六章 协和宁远的天下情怀

其次是朝贡制度是中国儒家精神和平主义的体现。它的终极目的不是为了经济利益,而是为了和平交流,用儒家思想的术语来说就是为了"怀柔远人"。古代中国,儒家是最具代表性和最具主流的思想流派,特别强调天下秩序应该是以"仁"为精神、以"礼"为架构。当这种关系延伸到国际秩序中来时,就形成了以天子为核心的、伦理等级式的华夷秩序。这样一种和平主义理念以潜移默化的方式影响了历朝历代,影响所及,历代统治者在对外交流的时候,无不企图通过朝贡制度以及对贸易的限制来达到"怀柔远人"的目的。

从后世来看,明代朝贡制度是朝贡制度发展的顶峰。当时来朝的国家相当多,但阅读历史资料可以发现,明王朝无意从中外贸易中获取经济利益,首要目的是如何"怀柔远人",使"四夷宾服,万国来朝"。比如洪武时期的桂言良在《上太平治要十二条》中这样谈到:"夫驭夷狄之道,守备为先,征讨次之,开边衅,贪小利,斯为下矣。蛮夷朝贡,间有未顺,当修文德以来之,遣使以喻之,彼将畏威怀德,莫不率服矣,何劳勤兵于远哉!"[①]可见,与西方截然不同,欧洲国家将侵略扩张、自身利益最大化视为对外交流的最终目的,而明朝仅仅将和平互利视为最重要的政治目标。

在西方殖民主义体系称霸海洋的几百年间,明清中

---

① 陈子龙等选辑:《明经世文编》卷七"上太平治要十二条"。

国推行的朝贡贸易体系,以北京为中心,对向中国朝贡的东南亚各国,不论大小,一视同仁,实施一种普遍平等的政策,"无间内外,均视一体",维持了世界史上一个较为罕见的周边和平环境长达几百年。这不得不归功于儒家精神的协和万邦的文化理念。日本学者滨下武志就认为:"以中国为核心的与亚洲全境密切联系存在的朝贡关系,以及在此基础上形成的朝贡贸易关系,是亚洲而且只有亚洲才具有的惟一的历史体系。亚洲区域内的各种关系,是在以中国为中心的朝贡关系、朝贡贸易关系中形成的,这种关系是历史上形成的联结亚洲各国各地区的内在的纽带缓冲。"①

这样一种文化精神至今泽被中国,对北京文化具有重大影响。虽然朝贡制度已经消亡,其中也不乏需要扬弃之处,但其中闪烁的追求国与国之间的和平共处精神,仍然值得我们学习和继承。事实上,中华人民共和国成立以后提出的和平共处五项原则,便是对古代朝贡制度的一种创造性的扬弃及继承。

第三节 借鉴会通的文化姿态

北京先天就有多元文化交流的基因,又具有海纳百

---

① [日]滨下武志:《近代中国的国际契机:朝贡贸易体系与近代亚洲经济圈》,中国社会科学出版社1999年版,第5页。

川的博大胸怀,其文化姿态往往能兼容并包、借鉴会通,而不是自我封闭。因此,尽管清代中后期以后,中央政府实行闭关锁国政策,但是北京文化并没有走向逼仄狭隘,盲目排外,还能不断汲取外来文明的营养,这不能不归功于北京文化原先具有的多元文化交融的丰厚底蕴。

从历史上来看,北京文化一直是积极借鉴异域文化,兼容异质文化,把它们视为自身发展的营养,以此改变自身,提升自身,从而实现更高级别的文化超越。以元代为例,蒙古兴起之初,蒙古贵族主要信仰萨满教,这是一种比较原始的宗教类型,强调蒙人至上和尊卑有别。但随着蒙古在对外征服的过程中,特别是入主中原,定北京为元大都以后,接触到了中国的各种更高级别的宗教,如佛教、道教、基督教等,逐渐意识到中国文化的魅力,以一种比较宽容的心态来接受并且吸纳各种宗教及文化。据记载,元世祖忽必烈本人是信仰喇嘛教的,对佛教本身有所偏袒,尽管如此,他对各种宗教以及文化都采取了宽容态度。意大利旅行家马可·波罗就记录下了忽必烈的这样一段话:"全世界崇奉的预言人有四:基督教徒说的是耶稣基督,回教徒说有摩诃末,犹太教徒说有摩西,偶像教徒说有释迦牟尼。我对这四人,都致敬礼。"忽必烈对儒学也非常包容,视为宗教的一种。元代经常把儒释道三者并提,称为三种宗教,后来到了元代的中后期,甚至恢复了儒学所倡导的科举制度。

忽必烈及元代统治者的宗教文化措施,以及这样一种对于宗教及文化的宽容态度,对于多元文化交融具有深远影响。在十三世纪前后,中华文明和伊斯兰文明是世界上两个最重要的文明,元代促进了中国文化与阿拉伯—伊斯兰文化的交流,同时在不同程度上波及其他文化,甚至跟遥远的西欧天主教文化发生了直接联系。因此,从世界文化史的广角度看,元代的中外文化交流对于推进世界文化的历史发展具有极其重大的历史意义。正是在这样一种政策以及宽容的态度之下,当时的元大都(北京)也就成了东西方文化交流的重要枢纽之一,正如有学者所指出的:"在元代,传统的海陆交通所达范围更加扩大,加上元政府对外来文化、宗教采取兼收并蓄的政策,从而使元代的东西经济、文化交流十分活跃日益发达。凡此种种,都使元朝成为中国历史上对外关系发展的极盛时期。大都(今北京)和杭州,是元代中国北南方两大都会,它们不仅规模宏伟、人口众多、交通发达、经济繁荣,而且还是有元一代中外文化交流的中心,是当时世界东方的两大国际性都市。"[①] 也正是因为这样一种多元文化的剧烈碰撞和剧烈交融,北京文化取得了进一步的飞跃和新生,无论是在文化的胸襟方面,还是在于文化的宽容方面,都有了前所未有的发展。

[①] 鲍志成:《元大都和杭州的国际性》,《北京与中外古都对比研究国际学术研讨会论文集》(1990年)。

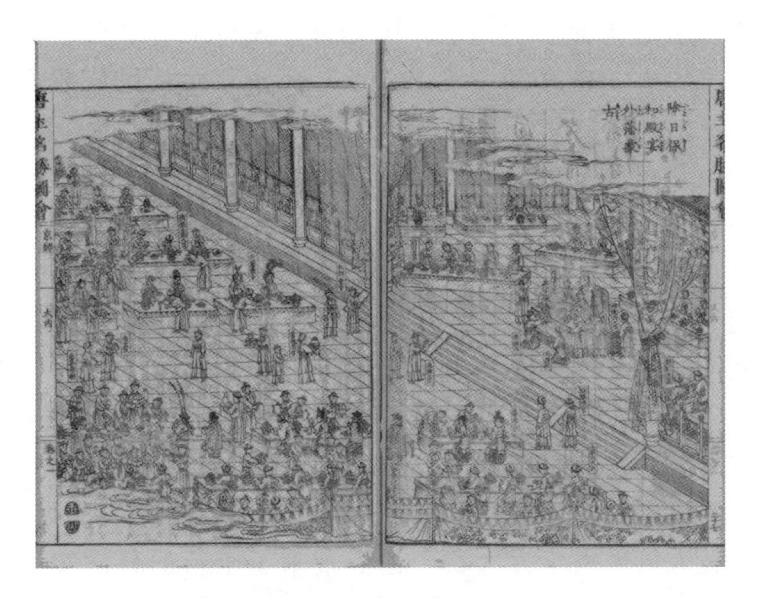

第六章　协和宁远的天下情怀　　　　203

日本人想象的清代皇城饮宴（1805 年绘）

还要一提的是，元代的宗教文化政策在某种程度上还打破了汉唐以来独尊儒术的格局，促使诸多士人投身于戏曲创作，致力于描写和表达市民的生活和情感，导致以元大都为中心，出现了以关汉卿等为代表的元杂剧文学创作集团，开创了北京文化的京味渊源。元代对于北京文化性格的塑造起到了巨大作用，至今余响不绝。

蒙元时期，诸多民族逐渐迁入元大都居住，导致元大都出现了一个各民族文化大交汇、大融合的局面，促进了中国科技与文化的进步。有学者指出："有元一代，尤其是元初，大批的西域各族人纷纷东来，移居中原各地，而大都和杭州，则是两大聚居点，形成了亚欧非各族杂居的局面。大都是一国之都，人口中有皇公贵戚、达官要人，也有禁军诸卫、工匠民户。而其民族成份，则更形纷杂。除了元朝本土的占人口主体的汉族、蒙古族以及契丹、女真等北方各族外，还居住了大量的西域各族移民。它们统称为色目人，包括西北各族，如唐兀、汪古等，以及西域乃至欧洲的畏兀儿、康里、钦察、阿速、斡罗斯、哈剌鲁、阿儿浑、回回等族人，其中以回回人居多。"[1]

在当时，天文、数学、医学等自然科学，绘画、音乐等艺术，纺织技术、武器制造、制瓷技术、建筑与工程等诸多技术领域，主要为政府和宫廷服务，所以大批科技人员聚集于元大都。他们带来了全新的科学知识，促进了中国科学技术的新飞跃。其中最著名的是伊斯兰天文学知识传入我国，促进了天文学的飞跃。伊斯兰历法在当时是世界最先进的，元代天文学家郭守敬能取得如此大的成就，一大重要原因便是充分吸收了伊斯兰天文学的成果。不仅如此，郭守敬所设计的天文仪器，诸如天文观测中起主要作用的圭表、简仪、仰仪等，也受到了阿拉伯科学的直接影响。时至今日留存于北京城区的郭守敬纪念馆及天文仪器，是对这一段东西文化交融

---

[1] 鲍志成：《元大都和杭州的国际性》，《北京与中外古都对比研究国际学术研讨会论文集》（1990年）。

历史的见证。①

在饮食方面，北京文化也深受大批中亚人士迁入带来的多元化交流的影响。据历史记载，蒙古统治集团很喜欢西域及中亚地区的饮食，在王公贵族的宫廷饮宴中经常出现此类食物。因此，许多来自中亚地区的厨师现身于元代宫廷。比如忽思慧就曾在元朝宫廷担任饮膳太医，负责宫廷饮膳调配事务，他撰写的《饮膳正要》记载了秃秃麻失、河西肺、八儿不汤、马思答吉汤、沙乞某儿汤等数种宫廷西域食谱，其中《果品》一书还记载了源自西域的八担仁和必思答。中亚饮食文化对于中国的影响，不仅及于宫廷，也波及于民间，比如元杂剧《郑孔目风雪酷寒亭》第三折就提到了中亚食物秃秃茶食（即秃秃麻失）。

北京文化这样一种积极吸取外来文化，提升自我的姿态，入明后仍未有衰竭。除了前述士大夫与西方传教士的文化交流活动之外，还有一个著名例子是北京技术工人对珐琅器及其生产技术的吸收及改造，最后发扬光大。景泰蓝的正式名称是"铜胎掐丝珐琅"，简称"珐琅"。最早出现于古埃及，后传入古罗马，再盛行于拜占庭帝国。公元12世纪前后传入阿拉伯地区，得到长足发展。明成祖朱棣派遣郑和下西洋以后，郑和船队从海

---

① 刘法林：《阿拉伯天文学对我国元朝天文学发展的影响》，《史学月刊》1985年第6期。

外大量采购奇珍异宝，学习其他文明的生产技术，其中包括珐琅器及其生产技术。珐琅器及其生产技术传入国内以后，北京技术工人经多年模仿和改造，在器型、纹样等方面大量吸收外来因素，形成了独特风格，最后制造出了精美的景泰蓝，以典雅雄浑的造型、繁复的纹样、清丽庄重的色彩著称，给人以圆润坚实、细腻工整、金碧辉煌、繁花似锦的艺术感受，成了最著名的工艺品之一。北京是中国景泰蓝的发祥地，也是最为重要的产地。这充分体现了北京文化融汇其他文化的有益营养后推陈出新的强大能力

需要指出的是，北京这样一种积极吸收外来文化、融为己用的文化姿态是一以贯之的，不仅处于上升时期的元明清如此，即使在渐趋衰落的民国也未有改变。

这一时期，最典型的例子便是以北京为策源地和中心的新文化运动。当时，新文化运动的启蒙思想家们深刻反思了中华民族在清代中后期逐渐衰落的原因，意识到其中一大原因是没有充分接受西方现代文化，也未有力推进科学知识的普及，使国民未能摆脱愚昧迷信的精神状态。他们痛定思痛，大力呼吁向西方文化学习，引进德先生和赛先生，也就是民主和科学，反对专制和迷信，以挽救中国即将衰落的趋势。其重要代表周作人在考察五四文学革命运动的源流时这样回忆：

> 自甲午战后，不但中国的政治上发生了极大的

变动，即在文学方面，也正在时时动摇，处处变化，正好像是上一个时代的结尾，下一个时代的开端。新的时代所以还不能即时产生者，则是如《三国演义》上所说的："万事齐备，只欠东风"。

所谓"东风"在这里却正改作"西风"，即是西洋的科学，哲学和文学各方面的思想。到民国初年，那些东西已渐渐输入得很多，于是文学革命的主张便正式地提出来了。[①]

以北京为基地、以北京学者为主要撰稿人的《新青年》连篇介绍西方近代科学史，特别是科学战胜宗教的曲折斗争史，使中国人明白西方近代科学的产生及其社会主导地位的确立。这批知识分子是中国历史上真正"睁眼看世界"的一代，不仅"对西方文学和西方文化不只懂得某些表面，而且了解内在精神及其最新发展"，而且具有相对丰富的自然科学知识。他们以北京为活动中心，大力吸收和积极宣传外来文化，促成了一种积极对外开放的现代新文化之形成，空前解放了中国民众的思想，有力促进了中国民众的觉醒，其影响至今犹在。

以争取女性教育权为例，经过长时期的艰苦奋争，在20世纪第二个10年中，欧美各国女性相继取得了中

---

① 周作人：《中国新文学的源流》，河北教育出版社2002年版，第52页。

小学男女同校、女子入大学的权利。在京的新文化运动积极分子加以积极宣传和倡导，在全国引起重大反响。1919年5月，甘肃女青年邓春兰写信给时任北京大学校长的蔡元培，要求大学开女禁。此信被称为"女子要求入大学的第一声"，引起了一场关于大学开女禁的激烈辩论。《少年中国》特设《妇女号》专刊，辟出专栏讨论这一问题，胡适、康白情、周炳琳等撰文，大力呼吁给予女子同等的教育权。在理论界的强烈呼吁下，1920年春有9名女生到北大旁听，部分省市开始实行中学男女同校，女子教育权的斗争取得了突破性的进展。[①] 此种北京吸纳异域文化精华——倡导自身改革——地方积极响应的革新模式，成了民国时期的重要现象。就此而言，新文化运动实为北京文化固有的对外开放、海纳百川的文化姿态之最新表现。

进而言之，经过新文化运动的推波助澜，北京这样一种海纳百川、借鉴会通的文化姿态，又继续向下传递，而且更广泛波及全国。中华民族的最后觉醒，乃至重振于世，实在是极大得益于北京的这样一种文化姿态。今天，我们在回顾改革开放的四十多年的浪潮之中，仍然可以明显看到北京文化这样一种借鉴会通的文化姿态的存在及其始终存在的重大影响。

[①] 尹旦萍：《西方思想的传入与中国女性主义的崛起——新文化运动时期女性主义的思想来源》，《武汉大学学报》（哲学社会科学版），2004年第4期。

参考文献

（一）史料

宋濂等撰：《元史》，中华书局1976年版。

孛兰盼等撰、赵万里校辑：《元一统志》，中华书局1966年版。

张廷玉等：《明史》，中华书局2013年版。

赵尔巽等：《清史稿》，中华书局1977年版。

吴长元：《宸垁识略》，北京古籍出版社1983年版。

于敏中等编纂：《日下旧闻考》，北京古籍出版社1983年版。

刘侗：《帝京景物略》，北京古籍出版社1983年版。

潘荣陛：《帝京岁时纪胜》，北京出版社1961年版。

张爵：《京师五城坊巷胡同集》，北京出版集团公司北京出版社2018年版。

李家瑞：《"中研院"历史语言研究所专刊之十四：北平风俗类征》，商务印书馆1937年版，"中研院"历史语言研究所1992年影印本。

孙承泽：《天府广记》，北京古籍出版社1982年版。

邱钟麟编：《新北京》，撷华书局1914年版。

［日］中野江汉著、王朝佑译：《北京繁昌记》，版本不详，1922年。

顾祖禹：《读史方舆纪要》

马端临：《文献通考》，中华书局2011年版。

刘锦藻：《清朝续文献通考》，浙江古籍出版社2000年版。

《八旗通志》（初集），东北师范大学出版社1985年版。

曹子西主编：《北京通史》，燕山出版社2011年版。

杨濂主编：《全元诗》，中华书局2013年版。

李修生主编：《全元文》，凤凰出版社2000年版。

《太平经》，明正统道藏本。

《灵台秘苑》，清文渊阁四库全书本。

《玉台新咏笺注》，清乾隆三十九年刻本。

《杜诗详注》，清文渊阁四库全书本。

《本堂集》清文渊阁四库全书补配清文渊阁四库全书本。

《周礼说》，清道光十年陈氏五马山楼刻本。

《礼记》，四部丛刊景宋本。

《马可·波罗游记》，梁生智译，中国文史出版社1998年版。

梁启超：《中国地理大势论》，《饮冰室合集》文集，第四册，中华书局 2015 年版。

林徽因：《爱上一座城》，北京理工大学出版社 2016 年版。

梁思成著、林洙编：《拙匠随笔》，北京出版集团公司北京出版社 2016 年版。

璩鑫圭等编：《中国近代教育史资料汇编：学制演变》，上海教育出版社 2007 年版。

北京市政协编：《北京往事谈》，北京出版社 1988 年版。

（二）著作

侯仁之：《北平历史地理》，邓辉、申雨平、毛怡译，外语教学与研究出版社 2014 年版。

侯仁之：《北京城的生命印记》，生活·读书·新知三联书店 2009 年版。

尹钧科选编：《侯仁之讲北京》，北京出版社 2005 年版，第 20 页。

史念海：《中国古都和文化》，中华书局 1996 年版，第 4 页。

吴晓亮：《中国七大古都名胜与文化》，云南大学出版社 2000 年版。

中国古都学会编：《中国古都研究》，山西人民出版社 1994 年版。

杨宽：《中国古代都城制度史》，序言，上海人民出版社 2006 年版。

王静：《中古都城建城传说与政治文化》，社科文献出版社 2013 年版。

赵世瑜：《在空间中理解时间：从区域社会史到历史人类学》，北京大学出版社 2017 年版。

北京大学历史系《北京史》编写组：《北京史》，北京出版社 1985 年版。

韩光辉：《从幽燕都会到中华国都——北京城市嬗变》，商务印书馆 2011 年版。

韩光辉：《北京历史人口地理》，北京大学出版社 1996 年版。

吴建雍等：《北京城市生活史》，开明出版社 1997 年版。

尹钧科：《北京郊区村落发展史》，北京大学出版社 2001 年版。

朱耀廷主编：《北京文化史研究》，光明日报出版社 2008 年版。

朱剑飞：《中国空间策略：帝都北京（1420—1911）》，诸葛净译，生活·读书·新知三联书店 2017 年版。

朱正伦、李小燕：《城脉：图解北京古城古建》，北京大学出版社 2011 年版。

萧启庆：《内北国而外中国：蒙元史研究》，中华书局 2007 年版。

阎崇年:《森林帝国》,生活·读书·新知三联书店2018年版。

张杰:《中国古代空间文化溯源》,清华大学2012年版。

北京市民政局、北京市测绘设计研究院编制:《北京市行政区划图志(1949年—2006年)》,中国旅游出版社2007年版。

[美]刘易斯·芒福德:《城市发展史——起源、演变和前景》,宋俊岭、倪文彦译,中国建筑工业出版社1989年版。

朱瑞熙等:《宋辽西夏金社会生活史》,中国社会科学出版社1998年版。

费孝通:《中华民族多元一体格局》,中央民族学院出版社1989年版。

钱穆:《中国文化史导论》,商务印书馆2000年版,第2页。

许倬云:《万古江河:中国历史文化的转折与开展》,上海文艺出版社2006年版。

黄仁宇:《中国大历史》,生活·读书·新知三联书店1997年版。

陈平原、王德威编:《北京:都市想像与文化记忆》,北京大学出版社2005年版。

郭超:《北京中轴线变迁研究》,学苑出版社2012年版。

顾长声：《传教士与近代中国》，上海人民出版社1981年版。

罗哲文、李江树编著，阿榕、兆瑞臻、卢水淹、张米香译：《老北京》，河北教育出版社2007年版。

北京市社会科学界联合会、首都图书馆、北京史研究会编：《漫步北京历史长河》，中国书店2004年版。

【英】约翰·伦尼·肖特：《城市秩序：城市、文化与权力导论》，郑娟、梁捷译，上海人民出版社2007年版，第433页。

【美】凯文·林奇：《城市形态》，方益萍、何晓军译，华夏出版社2001年版，第5页。

【澳】德波拉·史蒂文森：《城市与城市文化》，李东航译，北京大学出版社2015年版。

【美】马歇尔·萨林斯：《历史之岛》，蓝达居等译，上海人民出版社2003年版。

【美】刘易斯·芒福德：《城市文化》，宋俊玲、李祥宁、周鸣浩译，中国建筑工业出版社2009年版。

【美】刘易斯·芒福德：《城市发展史——起源、演变和前景》，宋俊岭、倪文彦译：中国建筑工业出版社1989年版。

【意】卡尔维诺：《看不见的城市》，张密译，译林出版社2012年版。

【日】滨下武志：《近代中国的国际契机：朝贡贸易体系与近代亚洲经济圈》，朱荫贵、欧阳菲译，中国社会科学出版社 1999 年版。

【日】杉山正明：《忽必烈的挑战：蒙古帝国与世界历史的大转向》，社科文献出版社 2013 年版。

【意】利玛窦：《利玛窦全集》，台北光启出版社 1986 年版。

【法】伊夫斯·德·托玛斯·德·博西耶尔夫人：《耶稣会士张诚——路易十四派往中国的五位数学家之一》，辛岩译，大象出版社 2009 年版。

【美】乔尔·科特金：《全球城市史》，王旭等译，社会科学文献出版社 2010 年版。

【以】贝淡宁、艾维纳：《城市的精神 I：全球化时代，城市何以安顿我们》，吴万伟译，重庆出版集团重庆出版社 2018 年版。

【美】施坚雅主编：《中华帝国晚期的城市》，叶光庭等译，中华书局 2000 年版。

（三）论文

郭万超、孟晓雪：《首都文化的定位、内涵和内在逻辑》，《前线》2018 年第 2 期。

史念海：《中国古都概说》，《陕西师范大学学报》1990 年第 1 期。

史念海：《中国古都的变迁与文化融通》，《陕西师范大学学报（哲学社会科学版）》1994 年第 4 期。

王建国：《中国大古都榷议》，《唐都学刊》2018 年第 1 期。

朱士光：《中国古都与中华文化关系研究》，《陕西师范大学学报（哲学社会科学版）》2004 年第 1 期。

周振鹤：《东西徘徊与南北往复——中国历史上五大都城定位的政治地理因素》，《华东师范大学学报（哲学社会科学版）》2009 年第 1 期。

朱耀廷：《定都与迁都——中国七大古都比较研究之一》，《北京联合大学学报（人文社会科学版）》2003 年第 1 期。

尹钧科：《中国古都文化的特点及旅游开发》，《上海城市管理职业技术学院学报》2006 年第 2 期。

阎崇年：《古都北京的"文化风韵"》，《北京日报》2017 年 9 月 11 日。

于希贤：《〈周易〉象数与元大都规划布局》，《故宫博物院院刊》1999 年第 2 期。

陈高华：《谈谈元大都建城史》，《北京日报》2003 年 10 月 13 日。

洪烛：《马可·波罗与元大都》，《书屋》2004 年第 9 期。

冯天瑜：《长城的文化意义》，《湖北社会科学》1990 年第 10 期。

葛兆光：《文化史应该怎么写——读〈法国文化史〉笔记》，《中华读书报》2012 年 6 月 20 日。

沈湘平：《当代城市精神如何塑造？》，《成都日报》

2017年8月2日。

沈湘平：《要在复杂巨系统中思考城市发展问题》，《中国文化报》2018年6月8日。

鲍志成：《元大都和杭州的国际性》，《北京与中外古都对比研究国际学术研讨会论文集》（1990年）。

李嘉瑜：《上京纪行诗的'边塞'书写——以长城、居庸关为论述主轴》，《台北教育大学语文集刊》2008年第14期。

周尚意：《城市地标景观与城市文化》，《北京文化发展报告·2005》，文化艺术出版社2005年版。

卢培元、卢宁：《北京：中华民族历史发展中的特殊城市》，《北京联合大学学报》，2000年第1期。

祝萍：《传衍嬗变融合——满族文化对北京文化的影响》，《贵州民族研究》2007年第6期。

于德祥：《宣南文化特色之——会馆》，《北京档案》2015年第11期。

李云泉：《明清朝贡制度研究》，暨南大学2003年博士论文。